Axel Clauß

Staatsrecht in der Verwaltungsausbildung

Staatsrecht in der
Verwaltungsausbildung

Klausurenkurs

Staats- und Verfassungsrecht

Staatsorganisationsrecht

für Angestelltenlehrgänge,
Berufsausbildung zum/zur
Verwaltungsfachangestellten
und die Laufbahnausbildung

Axel Clauß, Dipl.-Finanzwirt (FH),
Bürgermeister a. D.

Maximilian Verlag
Hamburg

Bibliografische Information der Deutschen Nationalbibliothek
Die Deutsche Nationalbibliothek verzeichnet diese Publikation in der Deutschen Nationalbibliografie; detaillierte bibliografische Daten sind im Internet über https://portal.dnb.de abrufbar.

Axel Clauß, Dipl.-Finanzwirt (FH), Bürgermeister a. D.

Band 5 – Klausurenkurs Staats- und Verfassungsrecht – Staatsorganisationsrecht
1. Auflage

Redaktionsstand: März 2025

ISBN 978-3-7869-1550-8

Stadthausbrücke 4, 20355 Hamburg
Ein Unternehmen der TAMMMEDIA
herstellung@koehler-mittler.de

Autor: Axel Clauß, E-Mail: Dozent.Clauss@gmail.com
Produktion: Reemers Publishing Services GmbH, Krefeld
Druck und Bindung: Plump Druck & Medien GmbH
Rolandsecker Weg 33, 53619 Rheinbreitbach

MIX
Papier | Fördert gute Waldnutzung
FSC
www.fsc.org
FSC® C104521

Printed in Germany

Inhaltsverzeichnis Seiten

Vorwort

Der Klausurenkurs behandelt Themen aus der jüngeren Vergangenheit. Die Klausuren haben einen Umfang zwischen zwei und vier Zeitstunden.

Die Themenbereiche Europarecht und Grundrechtslehre, insbesondere für die Ebene Angestelltenlehrgang II bzw. gehobener Dienst, finden nur vereinzelt Berücksichtigung und werden in gesonderten Klausurenkursen behandelt.

Berücksichtigt ist der jeweils angegebene Rechtsstand.

Die Lösungen zu den jeweiligen Fällen finden sich im 2. Teil des Klausurenkurses.

Die bspw. in Brandenburg verwendete Gesetzessammlung „*VSV*" enthält nicht die Geschäftsordnung des Deutschen Bundestages (GO-BT), die jedoch vereinzelt zur Lösung der Fälle benötigt wird. Ich bitte dies zu berücksichtigen.

Einige Aufgaben können sich doppeln. Das dient der Festigung.

Falls Sie beim Durchgehen der Fälle und Lösungen Fehler finden oder sonstige Hinweise und Anregungen haben, schreiben Sie mir gern eine E-Mail an Dozent.Clauss@gmail.com.

Viel Erfolg!

Axel Clauß, Dipl.-Finanzwirt (FH), Bürgermeister a. D.

Allgemeine Hinweise zur Bearbeitung von Klausur- und Übungsfällen

Begründen Sie Ihre Antworten immer ausführlich und unter Nennung der einschlägigen Rechtsnormen, außer etwas anderes ist ausdrücklich gefragt.

Achten Sie auf die Art der Fragestellung. Wird *„nennen"* verlangt, reicht eine Aufzählung. Wird *„erläutern"* verlangt, beschreiben Sie den Sachverhalt im rechtlichen Zusammenhang.

Achten Sie auf Bearbeitungshinweise. Nehmen Sie sich hierfür die notwendige Zeit. Prüfen Sie, ob Sie die gesamte Aufgabenstellung erfasst haben. Diese erstreckt sich gegebenenfalls bis auf die nachfolgende Seite.

Beantworten Sie die gestellte Klausurfrage. Oft wird zwar der Weg bis zur Lösung richtig dargestellt, die ursprünglich gestellte Frage bleibt am Ende jedoch unbeantwortet.

Nutzen Sie alle Angaben im Sachverhalt. Der Sachverhalt beinhaltet selten *„Füllmaterial"*. Die gemachten Angaben dienen dazu, Sie auf den richtigen Weg zu leiten und mit Argumenten zu versorgen.

Betreiben Sie keine *„Sachverhaltsquetsche"*. Umstände, die der Sachverhalt nicht abbildet, existieren auch nicht. Versuchen Sie den Sachverhalt nicht in Ihre Denkrichtung zu deuten oder zu erweitern.

Wenden Sie erlernte/vorgegebene Schemen an. Erfinden Sie diese während der Klausur nicht neu.

Betreiben Sie Klausurtaktik. Setzen Sie Bearbeitungszeit und zu erlangende Punkte in Relation und halten Sie sich nicht zu lang mit kleineren Fragen auf.

Vermeiden Sie *„Wissens-Inflation"*. Beantworten Sie lediglich die jeweilige Frage. Weiterführende und irrelevante Ausführungen bringen keine zusätzlichen Punkte, sondern kosten nur Zeit und Kraft.

Klausur 1

Aufgabe 1

Die Bundesrepublik Deutschland befand sich seit Februar 2020 durch die Corona-Pandemie in einer besonderen Situation. Vor allem die Länder und deren Kommunen hatten vor Ort mit erheblichen Schwierigkeiten bei der Umsetzung der Corona-Maßnahmen zu kämpfen. An die Bundesregierung wurden deswegen immer wieder Eingaben zur Änderung des Infektionsschutzgesetzes gesandt. Auch aus dem Bundestag kamen entsprechende Forderungen. Die Bundesregierung einigte sich daher, ein *„Gesetz zur Änderung des Infektionsschutzgesetzes“* in den Deutschen Bundestag einzubringen. Ein entsprechender Beschluss darüber wurde im Kabinett gefasst. Der sich daraus ergebende Gesetzentwurf zur *„Änderung des Infektionsschutzgesetzes“* wurde dem Bundesrat vorab ordnungsgemäß zugeleitet und dann an den Bundestag gegeben.

Der Bundestag stimmte nach mehreren Lesungen und dem ordnungsgemäß durchgeführten Verfahren im Bundestag in der Schlussabstimmung über den Gesetzentwurf mit folgendem Ergebnis ab:

Für das Gesetz:	188
Gegen das Gesetz:	182
Enthaltungen:	2

Die Bundestagspräsidentin leitete den Gesetzesbeschluss unverzüglich an den Bundesrat weiter.

In der folgenden Abstimmung im Bundesrat wurden nur 66 Stimmen abgegeben, da ein Bundesland, das im Bundesrat drei Stimmen besitzt, nicht an der Sitzung teilnahm.

Bei der Abstimmung wurde das Land Sachsen-Anhalt (2,1 Millionen Einwohner) neben dem Ministerpräsidenten nur durch die Sozialministerin vertreten, welche beide für das Gesetz stimmten. Der Bundesratspräsident wertete die Stimmabgabe von Sachsen-Anhalt mit dem Wert *„Vier“*.

Insgesamt ergab die Abstimmung 35 Stimmen für das Gesetz und 31 Stimmen gegen das Gesetz. Als der Bundesratspräsident feststellte, dass damit die erforderliche Mehrheit erreicht sei, kam es im Bundesrat zu heftiger Kritik.

Es wurde dabei argumentiert, die Stimmen aus Sachsen-Anhalt wären nicht richtig gewertet worden.

Der Bundesratspräsident hätte nur die zwei Stimmen der Anwesenden für Sachsen-Anhalt werten dürfen. Insofern wären keine 35 Stimmen für das Gesetz abgegeben worden. So oder so hätte die Mehrheit aber nicht vorgelegen.

Teilaufgaben:

1.1 Wurde das Gesetzesinitiativrecht ordnungsgemäß ausgeübt?

1.2 Besaß der Bund die Gesetzgebungszuständigkeit für das Gesetz?

1.3 Wurden im Bundestag und Bundesrat die erforderlichen Mehrheiten erreicht?

1.4 Wer vertritt den Bundespräsidenten im Falle seiner Verhinderung?

Bearbeitungshinweise:

- Das Infektionsschutzgesetz ist dem Bereich *„Maßnahmen gegen gemeingefährliche oder übertragbare Krankheiten bei Menschen“* zuzuordnen.
- Der Deutsche Bundestag und der Bundesrat waren jeweils beschlussfähig.
- Der Bundesrat hat derzeit 69 gesetzliche Stimmen.

Aufgabe 2

Aus Art. 20 Abs. 1 Grundgesetz leiten sich die Staatszielbestimmungen Deutschlands ab, unter anderem auch unsere Staatsform. Ganz allgemein, welche beiden Staatsformen unterscheidet man vorrangig in Bezug auf das Staatsoberhaupt? Nennen Sie diese und bestimmen Sie jeweils zwei Wesensmerkmale der Staatsformen!

Aufgabe 3

Dem Deutschen Bundestag liegt ein Gesetzentwurf zur Änderung des Art. 21 Abs. 1 Satz 2 Grundgesetz (GG) vor. Demnach soll Art. 21 Abs. 1 Satz 2 GG durch eine Grundgesetzänderung folgenden neuen Wortlaut erhalten: *„Die Anzahl der politischen Parteien in der Bundesrepublik Deutschland ist auf fünf begrenzt.“* Die geplante Änderung wird damit begründet, dass fünf Parteien ausreichend seien. Bei der Bundestagswahl 2025 hätten bundesweit über 40 Parteien mit Listenvorschlägen kandidiert. Hiervon seien nur wenige Parteien in den Bundestag eingezogen. Das mache doch deutlich, dass eine große Anzahl von Parteien nicht notwendig ist und maximal fünf Parteien ausreichend seien, die Interessen aller Teile des Volkes vielfältig zu vertreten. Neben Befürwortern gibt es auch Gegner der Grundgesetzänderung. Sie sind der Meinung, die Änderung würde einen in Art. 20 Abs. 1 GG niedergelegten Grundsatz berühren. Daher sei sie nach der für Grundgesetzänderungen maßgebenden Norm unzulässig. Neben der Diskussion um die Frage nach der Anzahl der zugelassenen Parteien gibt es Überlegungen, die Gründung von Parteien künftig genehmigungspflichtig zu machen, um einen politischen *„Wildwuchs“* zu verhindern.

Teilaufgaben:

3.1 Bitte bringen Sie den Ablauf eines Gesetzgebungsverfahrens durch richtige Anordnung der nachfolgenden Ziffern 1–6 in die richtige Reihenfolge:

1. Bekanntmachung im Bundesgesetzblatt
2. Gesetzgebungsverfahren und Abstimmung im Bundestag
3. Inkrafttreten
4. Ausfertigung durch den Bundespräsidenten
5. Gesetzesinitiative
6. Abstimmung über das Gesetz im Bundesrat

3.2 Bitte geben Sie an, welches Staatsziel aus Art. 20 Abs. 1 GG hier betroffen sein könnte und argumentieren Sie mit der anzuwendenden Rechtsgrundlage, ob die beabsichtigte Änderung des Art. 21 Abs. 1 Satz 2 GG rechtmäßig und damit zulässig ist.

3.3 Unter welchen Voraussetzungen gelten Parteien nach dem GG als verfassungswidrig?

3.4 Wer entscheidet abschließend über die Verfassungswidrigkeit einer Partei?

3.5 Wann bzw. unter welchen Voraussetzungen verliert eine Vereinigung ihre Rechtsstellung als Partei?

3.6 Nehmen Sie zu der Überlegung Stellung, die Gründung von Parteien künftig genehmigungspflichtig zu machen. Welche Regelungen sieht das Grundgesetz hierfür vor?

Aufgabe 4

Die Abgeordnete des Deutschen Bundestages, Viola Flink, hat eine unfassbare und eigentlich auch nicht beherrschbare Vorliebe für alles, was glänzt und glitzert. Auch deswegen beschließt sie, die eine oder andere Sache aus dem Drogeriemarkt zu stehlen. Hierbei wird sie prompt im Kassenbereich eines Drogeriemarktes auf frischer Tat ertappt. Es handelt sich bei dem Diebstahl um eine mit Strafe bedrohte Handlung. Die herbeigerufene Polizei verhaftet Frau Flink und nimmt sie mit aufs Revier. Wütend ruft sie den Polizisten zu, dass sie Abgeordnete des Deutschen Bundestages sei und eine Verhaftung oder Verfolgung deswegen nicht ohne Genehmigung des Bundestages möglich sei.

Teilaufgaben:

4.1 Bitte prüfen Sie, ob Frau Flinks Einwände bzgl. ihrer Verhaftung bzw. der Verfolgung berechtigt sind.

4.2 Darf ein Mitglied des Deutschen Bundestages, unabhängig von Frage 4.1, wegen seiner Abstimmung oder wegen einer Äußerung, die es im Bundestag oder in einem seiner Ausschüsse getan hat, gerichtlich oder dienstlich verfolgt oder sonst außerhalb des Bundestages zur Verantwortung gezogen werden? Wenn nein, gibt es Ausnahmen?

Klausur 2

Aufgabe 1

Laut aktueller Klimaforschung steigen die weltweiten Temperaturen unaufhaltsam an. Deswegen suchen der Bundesverkehrsminister und die Bundesumweltministerin nach sinnvollen Maßnahmen, um den Anstieg der Temperaturen zu verhindern, zumindest jedoch zu verlangsamen. Nach einigen Beratungen haben die beiden Minister allein einen Gesetzentwurf zur Einrichtung eines zeitweiligen Tempolimits auf den deutschen Autobahnen erarbeitet. Sie versprechen sich von der Maßnahme auch deswegen einen großen Nutzen, da diese ja dann bundeseinheitlich von Flensburg bis München gelten würde.

Die beiden Minister bringen den Entwurf zum Gesetz über die zeitweise Begrenzung der Höchstgeschwindigkeit im Straßenverkehr direkt und ohne Beratung und Abstimmung im Kabinett in den Bundestag ein.

Der Bundestag stimmt nach mehreren Lesungen und dem ordnungsgemäß durchgeführten Verfahren im Bundestag in der Schlussabstimmung über den Gesetzentwurf mit folgendem Ergebnis ab:

Für das Gesetz:	220
Gegen das Gesetz:	158
Enthaltungen:	22

Nach der Beschlussfassung leitet die Bundestagspräsidentin den Gesetzentwurf unverzüglich an den Bundesrat weiter, welcher dem Gesetzentwurf mit 37 Ja-Stimmen und 32 Nein-Stimmen zustimmt.

Der Bundespräsident soll das Gesetz nach der Beschlussfassung, sowie der Gegenzeichnung des Bundesverkehrsministers, ausfertigen und bekanntmachen. Ihm kommen jedoch Zweifel an der Rechtmäßigkeit am ordentlichen Zustandekommen des Gesetzes, und er möchte dies überprüfen lassen und bittet Sie, die folgenden Teilaufgaben zu prüfen:

Teilaufgaben:

1.1 Wurde das Gesetzesinitiativrecht ordnungsgemäß ausgeübt?

1.2 Besaß der Bund die Gesetzgebungszuständigkeit für das Gesetz?

1.3 Wurde im Bundestag die erforderliche Mehrheit erreicht?

1.4 Mit welcher Mehrheit fasst der Bundesrat im Allgemeinen seine Beschlüsse?

Bearbeitungshinweise:

- Das beabsichtigte Gesetzesvorhaben mit dem Tempolimit ist dem Bereich *„Straßenverkehr, Kraftfahrwesen (...)"* zuzuordnen.
- Der Deutsche Bundestag und der Bundesrat waren jeweils beschlussfähig.

Aufgabe 2

Teil A

Hertha Müller, eine 84-jährige Berlinerin, die die deutsche Staatsangehörigkeit besitzt, wollte an der Bundestagswahl 2021 in Berlin teilnehmen und ihre Stimme abgeben. Sie wohnt schon ihr ganzes Leben in Berlin und liebt ihre Stadt. Daneben hat sie sich noch nie etwas zu Schulden kommen lassen, insbesondere gab es gegen sie noch nie einen Richterspruch, aufgrund dessen sie bspw. vom Wahlrecht ausgeschlossen wäre. Da sie an dem Wahlsonntag lange mit ihren Enkeln auf einem Spielplatz in Köpenick unterwegs war, fällt ihr erst kurz nach 17 Uhr ein, dass sie ja noch wählen gehen will. Pünktlich um 17:20 Uhr erscheint sie vorm Wahllokal, das bis 18 Uhr geöffnet hat, und bittet darum, dass ihr ein Stimmzettel ausgehändigt wird.

Daraufhin erhält sie von der Leiterin des Wahllokals die barsche Antwort *„Sie wissen wohl nicht, was hier heute los war? Wären Sie mal eher gekommen und überhaupt, warum wollen Sie denn in Ihrem Alter noch wählen? Weil es hier so voll ist, können Sie die Wahlkabine nicht nutzen, sondern müssen Ihre Kreuzchen draußen auf der Bank bei den anderen machen, dann geben Sie mir den Stimmzettel und ich lege ihn zu den anderen auf meinen Tisch, damit wir nachher gleich auszählen können. Ihr Name steht nicht drauf, wen juckt es also, wenn andere sehen, wen Sie gewählt haben. Ist doch besser als gar nichts, Oma, oder?"* Hertha ist schockiert. Sie ist zwar einiges gewohnt von „ihrem Berlin", aber das ist der Gipfel. Hilfesuchend wendet sie sich an Sie und bittet Sie, folgende Fragen zu beantworten:

Teilaufgaben:

2.1 Was verstehen Sie unter dem passiven und dem aktiven Wahlrecht und welches Wahlrecht möchte Frau Müller hier wahrnehmen?

2.2 Lagen die gesetzlichen Voraussetzungen vor, dass Frau Müller das Wahlrecht in Anspruch nehmen konnte?

2.3 Nennen und erläutern Sie kurz unter Angabe der Fundstelle im Grundgesetz die Wahlgrundsätze.

2.4 Sehen Sie beim Verhalten der Leiterin des Wahlbüros einen Verstoß gegen einen Wahlgrundsatz? Bitte begründen Sie Ihre Auffassung.

Teil B

Nachdem Frau Müller mit ihren Beschwerden beim Bundeswahlleiter und allen möglichen Institutionen und Gerichten keinen Erfolg hatte, entschließt sie sich wegen der Ungeheuerlichkeit des Vorfalls, Verfassungsbeschwerde einzulegen und nach Karlsruhe vors Bundesverfassungsgericht zu ziehen.

Teilaufgaben:

2.5 Wem ist nach dem Grundgesetz die rechtssprechende Gewalt anvertraut?

2.6 Nennen Sie die Rechtsgrundlage, nach der das Bundesverfassungsgericht unter anderem über Verfassungsbeschwerden von Beschwerdeführern, die mit der Behauptung erhoben werden, durch die öffentliche Gewalt u. a. in ihrem Recht nach Art. 38 GG verletzt worden zu sein, entscheidet.

2.7 Wie setzt sich das Bundesverfassungsgericht zusammen und von wem werden seine Mitglieder gewählt?

Aufgabe 3

Das Bundesjustizministerium weist in einem Rundschreiben alle Strafrichter an, Fälle gewaltsamer Ausländerfeindlichkeit mit unnachgiebiger Härte zu ahnden und auf keinen Fall Freiheitsstrafen zur Bewährung auszusetzen.

Teilaufgaben:

3.1 Was verstehen Sie unter der *„Gewaltenteilung“* und wo ist diese im Grundgesetz festgeschrieben?

3.2 Welche Bedeutung hat die Gewaltenteilung für den Bürger?

3.3 Nennen Sie zwei Beispiele für den sog. Durchbruch der Gewaltenteilung.

3.4 Prüfen Sie, ob in dem oben geschilderten Vorfall gegen das Gewaltenteilungsprinzip verstoßen wurde, und begründen Sie Ihre Rechtsauffassung.

Klausur 3

Aufgabe 1

Da die Impfquoten im Kampf gegen das Corona-Virus bundesweit trotz intensiver Bemühungen und Maßnahmen des Bundes und der Länder auch nach der Pandemie nur sehr schleppend steigen, überlegt man fraktionsübergreifend im Deutschen Bundestag, wie man die Menschen dazu bringen kann, sich impfen zu lassen. Dabei kommt eine Gruppe von Parlamentariern auf die Idee, dass bei der Auszählung der Wählerstimmen die Stimmen derer, die am Wahltag nachgewiesen haben, dass sie über einen vollständigen Impfschutz verfügen, doppelt zählen sollen. Das Bundeswahlgesetz (BWG) soll entsprechend geändert werden.

Die Bundesregierung bringt eine entsprechende Änderung des Bundeswahlgesetzes ordnungsgemäß ein. Ebenso wird der Bundesrat vorab ordnungsgemäß beteiligt. Nach dem ordnungsgemäßen Verfahren im Bundestag wird die Änderung im Bundestag zur Abstimmung gebracht. An der Abstimmung nehmen 372 Abgeordnete teil. Dabei wird folgendes Abstimmungsergebnis erzielt:

Für das Gesetz:	188
Gegen das Gesetz:	182
Enthaltungen:	2

Der Bundestagspräsident ist der Meinung, dass das Gesetz die erforderliche Mehrheit erhalten hat und leitet es unverzüglich an den Bundesrat weiter. Nach dem ordnungsgemäßen Verfahren im Bundesrat stimmt dieser dem Gesetz mit der erforderlichen Mehrheit zu.

Schließlich liegt das Gesetz beim Bundespräsidenten zur Ausfertigung vor. Der hat jedoch Bedenken und ist der Meinung, die Regelung könnte möglicherweise gegen Wahlgrundsätze und damit auch Staatszielbestimmungen des Art. 20 Abs. 1 GG verstoßen und sei daher materiell rechtswidrig.

<u>Bearbeitungshinweise:</u>

- Der Deutsche Bundestag und der Bundesrat waren jeweils beschlussfähig.
- Der Bundesrat hat derzeit 69 gesetzliche Stimmen.
- Die Länder sind in einem Bundesgesetz nicht ausdrücklich ermächtigt für das Gesetzgebungsvorhaben.

Teilaufgaben:

1.1 Bitte prüfen Sie, ob das Gesetz im Bundestag formell rechtmäßig zustande gekommen ist (Gesetzgebungszuständigkeit, Gesetzesinitiativrecht und Mehrheit).

1.2 Bitte prüfen Sie, ob die Bedenken des Bundespräsidenten bzgl. der materiellen Rechtmäßigkeit der Änderung des BWG begründet sind.

1.3 In welchen Fällen sind die Bundesregierung und der Bundestag berechtigt, den Vermittlungsausschuss anzurufen?

1.4 Mit welcher Mehrheit fasst der Bundesrat allgemein seine Beschlüsse?

1.5 Welches oberste Verfassungsorgan vertritt der Präsident des Bundesrates u. a. im Falle seiner Verhinderung?

Aufgabe 2

In der Öffentlichkeit wurde die geringe Wahlbeteiligung bei den letzten Bundestagswahlen beklagt. Um dem weiteren Rückgang bei der Wahlbeteiligung entgegenzuwirken, wirbt die *„Partei der Blau-weißen Hoffnungsgemeinde (S.04)“* damit, nach ihrer Wahl in den Bundestag 2025 ein *„Gesetz zur Erhöhung der Wahlbeteiligung an den Bundestagswahlen“* zu erlassen.

Das Gesetz soll als Regelung enthalten:

„Die Nichtteilnahme an der Bundestagswahl wird mit einem Bußgeld von 500 € geahndet. Im Wiederholungsfall verdoppelt sich das Bußgeld“.

Andere Parteien kritisieren diese Pläne und geben zu bedenken, dass ein solches Gesetz möglicherweise Wahlgrundsätze verletzten würde.

Teilaufgaben:

2.1 Nennen Sie die Wahlgrundsätze unter Angabe der entsprechenden Rechtsgrundlagen.

2.2 Prüfen und begründen Sie bitte, welcher Wahlgrundsatz bei dem vorliegenden Gesetzesentwurf verletzt sein könnte.

Aufgabe 3

3.1 Kann der Bundestag den Innenminister abwählen?

3.2 Nennen Sie 5 Aufgaben des Deutschen Bundestages nach dem Grundgesetz unter Angabe der entsprechenden Rechtsgrundlagen.

3.3 Grundrechte können durch sog. Grundrechtsschranken eingeschränkt werden. Bitte nennen Sie die Ihnen bekannten Grundrechtsschranken.

Klausur 4

Aufgabe 1

Gerade in politisch unruhigen Zeiten empfinden es die Bürgerinnen und Bürger in Deutschland als sehr wichtig, sich auf Personen des öffentlichen Lebens verlassen zu können und diesen zu vertrauen. Hierzu zählt auch der Bundespräsident. Mit dem aktuellen Bundespräsidenten ist ein Großteil der Bevölkerung sehr zufrieden. Dies ist auch dem Bundesarbeitsminister, der der gleichen Partei wie der Bundespräsident angehört, nicht entgangen. Kontinuität ist wichtig. Da der Bundespräsident derzeit nur einmal direkt anschließende an eine vorhergehende Amtszeit wiedergewählt werden kann, überlegt der Arbeitsminister, das Grundgesetz (GG) zu ändern. Künftig soll das Amt des Bundespräsidenten unbefristet, auf Lebenszeit vergeben werden. Erst, wenn der Amtsinhaber stirbt oder sein Amt dauerhaft nicht mehr ausüben kann, soll ein neuer Präsident gewählt werden können.

Der Bundesarbeitsminister bringt ein Gesetz zur Änderung des Art. 54 GG in den Deutschen Bundestag ein. Hierüber informierte er den Bundeskanzler beim Abendessen vor der Initiative. Eine Information an den Bundesrat erfolgt nicht.

Nach dem ordnungsgemäßen Verfahren wird die Änderung im Bundestag zur Abstimmung gebracht. An der Abstimmung nehmen 544 Abgeordnete teil. Dabei wird folgendes Abstimmungsergebnis erzielt:

Für das Gesetz:	412
Gegen das Gesetz:	130
Enthaltungen:	2

Die Bundestagspräsidentin ist der Meinung, dass das Gesetz die erforderliche Mehrheit erhalten hat, immerhin haben mehr Abgeordnete dafür als dagegen gestimmt, und leitet es unverzüglich an den Bundesrat weiter. Nach dem ordnungsgemäßen Verfahren im Bundesrat stimmt dieser dem Gesetz ebenfalls mit der erforderlichen Mehrheit zu.

Schließlich liegt das Gesetz beim Bundespräsidenten zur Ausfertigung vor. Der hat jedoch Bedenken und ist der Meinung, die Regelung könnte möglicherweise gegen eine Staatszielbestimmung des Art. 20 Abs. 1 GG verstoßen und sei daher materiell rechtswidrig. Daneben ist er sich ebenso unsicher bzgl. der zustande gekommenen Mehrheiten.

Bearbeitungshinweise:

- Der Bundestag ist beschlussfähig.
- Ob der Bundespräsident ggf. befangen oder Ähnliches ist, ist unerheblich.

Teilaufgaben:

1.1 Bitte prüfen Sie, ob das Gesetzesinitiativrecht ordnungsgemäß ausgeübt wurde.

1.2 Bitte prüfen und begründen Sie ausführlich, ob das Gesetz die notwendige Mehrheit im Bundestag erhalten hat.

1.3 Nach welchen Vorschriften des Grundgesetzes bemisst sich die Abgrenzung der Zuständigkeit zwischen Bund und Ländern beim Gesetzgebungsverfahren?

1.4 Bitte prüfen Sie, ob die Bedenken des Bundespräsidenten bzgl. der materiellen Rechtmäßigkeit der Änderung des Grundgesetzes begründet sind.

1.5 Wann treten Gesetze und Verordnungen in Kraft, wenn diese selbst keine Bestimmungen zu ihrem Inkrafttreten beinhalten?

1.6 Wie werden die Mitglieder des Bundesverfassungsgerichtes gewählt?

Aufgabe 2

Lisa Eifrig (geb. am 28.03.1950) besitzt die deutsche Staatsangehörigkeit und ist seit zwei Wahlperioden Bürgermeisterin der Stadt Werder/Havel in Brandenburg, wo sie auch schon immer wohnt. Sie möchte sich bei der nächsten Bundestagswahl im September 2025 als Kandidatin aufstellen und in den Bundestag wählen lassen. Zu ihren Hauptanliegen gehört es, die Amtszeit der Bürgermeister zukünftig auf zehn Jahre zu ändern. Im Vorfeld ihrer Kandidatur ergeben sich noch einige Fragen:

Teilaufgaben:

Frau Eifrig möchte wissen,

2.1 ob sie in den Bundestag gewählt werden kann,

2.2 ob sie bei Abstimmungen im Bundestag immer so stimmen kann, wie sie möchte, oder ob sie sich an Fraktionsbeschlüsse halten muss und

2.3 wie sie als Bundestagsabgeordnete selbst einen Gesetzentwurf in den Bundestag einbringen könnte, auch wenn sie nicht Regierungsmitglied ist.

Aufgabe:

Bitte Beantworten Sie die oben aufgeworfenen Fragen (2.1–2.3) ausführlich unter Angabe der entsprechenden Rechtsgrundlagen.

Aufgabe 3

Viele Regelungen des Grundgesetzes gehen auf die Staatsziele (Verfassungsprinzipien) der Bundesrepublik Deutschland nach Art. 20 GG zurück. Bitte ordnen Sie die nachfolgenden Artikel dem einen Staatsziel zu, mit dem der Artikel in Zusammenhang steht! Tragen Sie das Staatsziel dazu in die folgende Tabelle ein. Je Artikel ist nur eine Zuordnung richtig und zulässig.

Artikel	**Zutreffendes Staatsziel**
a) Art. 38 Abs. 1 GG	
b) Art. 19 Abs. 4 GG	
c) Art. 54 Abs. 2 GG	
d) Art. 6 Abs. 1 GG	
e) Art. 31 GG	

Klausur 5

Aufgabe 1

Nicht zuletzt wegen der erheblichen finanziellen Mehraufwendungen aufgrund der Corona-Pandemie müssen Bund und Länder Sparanstrengungen unternehmen. Hierbei überlegen die Bundesländer Sachsen und Sachsen-Anhalt unter Anwendung des Art. 29 Grundgesetz (GG) zum künftigen Bundesland *„Mitteldeutschland"* zu verschmelzen. Schließlich erarbeitet das Land Sachsen-Anhalt einen Gesetzentwurf, legt diesen Entwurf der 69 Stimmen umfassenden Länderkammer vor und bittet, dass der Entwurf vom Bundesrat als Gesetzesinitiative in den Bundestag eingebracht wird. Hier kommt es in der Sitzung am 28.02.2024 zur Diskussion und Abstimmung. Insbesondere durch den Freistaat Bayern entbrennt eine heftige Diskussion zur Frage des Bestands von Bundesländern. Herr Huber, ein Mitglied der Bayerischen Staatsregierung, ruft während der Sitzung laut: *„Am besten ihr schafft gleich alle Bundesländer ab, dann kann der Bund künftig machen, was er will"*. Im Rahmen der Sitzung sind nicht alle 69 Bundesratsmitglieder anwesend, da das Land Thüringen, das 2.155.137 Einwohner hat, wegen der noch nicht gebildeten Landesregierung keine Mitglieder entsandt hat. Im Ergebnis der Abstimmung liegen 44 Stimmen für das Gesetz vor, die restlichen Stimmen werden gegen das Gesetz abgegeben.

Teilaufgaben:

1.1 Wer kann nach dem Grundgesetz Gesetzesvorlagen in den Deutschen Bundestag einbringen?

1.2 Bitte ermitteln Sie, wie viele Mitglieder an der Bundesratssitzung vom 28.02.2024 teilnahmen.

1.3 Bitte prüfen Sie, ob der Gesetzesentwurf die erforderliche Mehrheit im Bundesrat erreicht hat.

1.4 Bitte nehmen Sie zur Aussage von Herrn Huber ausführlich Stellung und prüfen Sie, ob eine Abschaffung der Gliederung des Bundes in Länder rechtlich möglich wäre und wenn nein, warum nicht.

Aufgabe 2

Aufgrund massiver gesellschaftlicher und politischer Umwälzungen der letzten Jahre besteht in der Bundesregierung ein Wunsch, sich Neuem stärker öffnen zu wollen. Weg mit Traditionellem, hin zu neuem Schwung und Elan, verbunden mit einer Offenheit und nie dagewesenen Flexibilität. Daher einigte man sich im Kabinett darauf, die Hauptstadt der Bundesrepublik Deutschland zu verlegen.

Zwar weiß man um den erheblichen Aufwand, aber der Bundeskanzler schwärmt von seiner Heimatstadt Hamburg als *„Tor zur Welt“*, die die neue Weltoffenheit bestens darstellen würde. Schließlich bringt die Bundesregierung nach Verständigung und Abstimmung im Kabinett einen Gesetzesentwurf zur Änderung des Art. 22 Abs. 1 GG in den Deutschen Bundestag ein, der dort leidenschaftlich diskutiert wird. Der Bundesrat wird vorab ordnungsgemäß beteiligt.

Nach dem ordnungsgemäßen Verfahren im Bundestag wird die Änderung im Bundestag zur Abstimmung gebracht. An der Abstimmung nehmen 522 Abgeordnete teil. Dabei wird folgendes Abstimmungsergebnis erzielt:

Für das Gesetz:	488
Gegen das Gesetz:	12
Enthaltungen:	22

Der Bundestagspräsident ist der Meinung, dass das Gesetz nicht die erforderliche Mehrheit erhalten hat und leitet es deswegen auch nicht unverzüglich an den Bundesrat weiter.

Teilaufgaben:

2.1 Bitte prüfen Sie, ob das Gesetz im Bundestag formell rechtmäßig zustande gekommen ist, gehen Sie hierbei auf das Gesetzesinitiativrecht, die Zuständigkeit bei der Gesetzgebung und die erforderliche Mehrheit ein.

2.2 In welchen Fällen sind die Bundesregierung und der Bundestag berechtigt, den Vermittlungsausschuss anzurufen?

<u>Bearbeitungshinweis:</u>
- Die Länder sind in einem Bundesgesetz nicht ausdrücklich ermächtigt für das Gesetzgebungsvorhaben.

Klausur 6

Aufgabe 1

Die Diskussion um den Ausstieg aus der Atomenergie ist bundesweit heftig und kontrovers. Insbesondere bei der Frage um eine dauerhafte Gewährleistung der Energieversorgung gibt es kaum Einigung. Nachdem die Bundesregierung mittels Änderung des Atomgesetzes nun auch die letzten drei verbleibenden Atomkraftwerke abgeschaltet hat, kommt hieran heftige Kritik aus dem Freistaat Bayern. Der Ministerpräsident ist außer sich vor Wut und fordert lautstark, das Atomkraftwerk *„Isar 2"* künftig als Freistaat Bayern weiterbetreiben zu dürfen. Hierzu bedürfte es erneut einer Änderung des Atomgesetzes. Die Bundesregierung lehnt das ab. Auch im Bundestag findet sich keine Initiative, ein entsprechendes Gesetz einzubringen. Die Regierung des Freistaates Bayern möchte durch den Bundesrat eine Gesetzesvorlage zur Änderung des Atomgesetzes in den Bundestag einbringen. Der Bundesrat soll hierzu Beschluss fassen. *„Isar 2"* soll künftig vom Freistaat Bayern betrieben werden.

An der Abstimmung im Bundesrat, der aus 69 gesetzlichen Mitgliedern besteht, nehmen nur 65 Mitglieder teil. Krankheitsbedingt kann das Land Brandenburg zu der Abstimmung kein Mitglied entsenden. Das Land Sachsen-Anhalt, welches 4 Mitglieder in den Bundesrat entsenden kann, ist bei der Frage gespalten. Lediglich der Ministerpräsident hebt seinen Arm für die Initiative. Die weiteren 3 Mitglieder aus Sachsen-Anhalt verharren regungslos bei der Abstimmung und stimmen weder für noch gegen das Gesetz oder enthalten sich.

Bei der Schlussabstimmung über die Initiative des Freistaates Bayern kommt folgendes Ergebnis zustande:

Für das Gesetz:	35
Gegen das Gesetz:	30
Enthaltungen:	0

Der Präsident des Bundesrates ist der Meinung, die Vorlage hat die notwendige Mehrheit erhalten und leitet den Beschluss an die Präsidentin des Bundestages weiter, die nunmehr die Beschlussfassung über die Änderung des Atomgesetzes im Bundestag vorbereitet.

Nach dem ordnungsgemäßen Verfahren wird die Änderung des Atomgesetzes im Bundestag zur Abstimmung gebracht. Dabei wird folgendes Abstimmungsergebnis erzielt:

Für das Gesetz:	110
Gegen das Gesetz:	289
Enthaltungen:	34

Teilaufgaben:

1.1 Wer kann Gesetzesinitiativen in den Deutschen Bundestag einbringen?

1.2 Wurde im Bundesrat die notwendige Mehrheit erreicht? Bitte gehen Sie in diesem Zusammenhang auch auf das Abstimmungsverhalten des Landes Sachsen-Anhalt ein.

1.3 Wer besaß die Gesetzgebungskompetenz zur Änderung des Atomgesetzes? Begründen Sie Antwort ausführlich.

1.4 Wurde im Bundestag die erforderliche Mehrheit für die Änderung des Atomgesetzes erreicht?

Unabhängig vom Sachverhalt:

1.5 Für welchen Zeitraum wird der Präsident des Bundesrates gewählt?

1.6 Hätte die Opposition im Bayerischen Landtag, die nicht Teil der Landesregierung ist, die Möglichkeit, Mitglied im Bundesrat zu werden und die Entscheidungen des Freistaates dort zu beeinflussen?

Bearbeitungshinweise:

- Das beabsichtigte Gesetzesvorhaben ist dem Bereich *„die Erzeugung und Nutzung der Kernenergie zu friedlichen Zwecken (...)“* zuzuordnen.
- Die Vorlage wird dem Bundestag von der Bundesregierung auch fristgerecht vorab zugeleitet.
- Die Länder sind in einem Bundesgesetz nicht ausdrücklich ermächtigt für das Gesetzgebungsvorhaben.
- Der Bundesrat und auch der Bundestag waren beschlussfähig.

Aufgabe 2

Die aktuelle Bundesregierung überlegt neben der Wahlrechtsreform, die vor allem der Verkleinerung des Bundestages dienen soll, die Wahlberechtigung von derzeit 18 Jahren bzw. dem Zeitpunkt der Volljährigkeit auf künftig 16 Jahre zu senken. Vorteil soll sein, dass sich junge Menschen schon eher im Leben mit Politik auseinandersetzen und aktiv selbst ihre Abgeordneten wählen können. Dies erzeugt nicht bei allen Parteien Freude. Insbesondere die Opposition im Bundestag bezweifelt den Sinn einer solchen Maßnahme.

Schließlich bringt die Bundesregierung ein Gesetz zur Änderung des Art. 38 Abs. 2 GG in den Bundestag ein. Dieser soll künftig wie folgt gefasst werden: *„Wahlberechtigt ist, wer das sechzehnte Lebensjahr vollendet hat“*. Der Bundesrat wurde zu dem Gesetzesvorhaben vorab ordnungsgemäß beteiligt.

Nach dem ordnungsgemäßen Verfahren wird das Gesetz zur Änderung des GG (Art. 38 Abs. 2 GG) im Bundestag zur Abstimmung gebracht. Dabei wird folgendes Abstimmungsergebnis erzielt:

Für das Gesetz:	450
Gegen das Gesetz:	99
Enthaltungen:	45

Die Präsidentin des Deutschen Bundestages ist der Meinung, das Gesetz habe die notwendige gesetzliche Mehrheit im Bundestag erreicht und leitet es unverzüglich an den Bundesrat weiter.

Teilaufgaben:

2.1 Bitte prüfen Sie, ob das Gesetz die notwendige Mehrheit im Bundestag erhalten hat.

Bearbeitungshinweise:
- Der Bundestag war beschlussfähig.

Aufgabe 3

Peter Müller aus Werder an der Havel ist politisch sehr engagiert und beobachtet den Bundespräsidenten sehr kritisch in dessen Amtsführung. Herr Müller, der im Januar 42 Jahre alt wurde und deutscher Staatsangehöriger ist, findet vor allem, dass der Bundespräsident eine sehr unglückliche Figur macht. Daher beschließt Herr Müller, selbst Bundespräsident werden zu wollen, und fragt sich, ob er die Voraussetzungen hierfür erfüllt. Herr Müller wohnt schon immer in Werder an der Havel. Da er sich noch nie etwas zu Schulden kommen lassen hat, ist ihm auch nicht infolge eines Richterspruchs die Wählbarkeit oder die Fähigkeit zur Bekleidung öffentlicher Ämter aberkannt worden.

Teilaufgaben:

3.1 Liegen die gesetzlichen Voraussetzungen für die Wählbarkeit zum Bundespräsidenten nach dem Grundgesetz vor?

Unabhängig vom Sachverhalt:

3.2 Wie lange dauert eine Amtszeit des Bundespräsidenten?

3.3 Wer vertritt den Bundespräsidenten im Falle seiner Verhinderung oder bei vorzeitiger Erledigung des Amtes?

3.4 Gemäß Art. 82 Abs. 1 GG werden die nach den Vorschriften des Grundgesetzes zustande gekommenen Gesetze vom Bundespräsidenten nach Gegenzeichnung ausgefertigt und im Bundesgesetzblatt verkündet. Was versteht das Grundgesetz unter „*Gegenzeichnung*“?

Bearbeitungshinweis:
Die „*Wählbarkeit zum Bundestag*“ bezeichnet das aktive Wahlrecht.

Klausur 7

Dem Bundestag liegt in erster Lesung der Entwurf zum Frackinggesetz (FrackG) vor. Fracking ist eine umstrittene Form der Energiegewinnung, mit der Gas aus der Erde gewonnen wird. Das Gesetz soll angesichts der derzeitigen Energieprobleme die Zulässigkeit des Frackings regeln. Den Initiatoren des Gesetzes ist es dabei auch wichtig, dass hier verbindliche und gleichlautende Regeln aufgestellt werden, die im gesamten Bundesgebiet eine gleichmäßige Rechtsanwendung gewährleisten. Egal ob in Mecklenburg-Vorpommern oder in Hessen, es sollen die gleichen Voraussetzungen gelten. Im Rahmen der ersten Lesung äußern mehrere Abgeordnete Kritik. Sie vertreten die Auffassung, der Bund würde für das Gesetz gar nicht die Gesetzgebungszuständigkeit besitzen.

Aufgabe 1

Besaß der Bund die Gesetzgebungszuständigkeit für das Gesetz?

Bearbeitungshinweis:

- Das beabsichtigte Gesetzesvorhaben ist als Energiegewinnungsmaßnahme dem Bereich *„das Recht der Wirtschaft (Bergbau, Industrie, Energiewirtschaft) (...)“* zuzuordnen.

Aufgabe 2

Was verstehen Sie unter der *„3-Elemente-Lehre“*? Bitte definieren Sie auch kurz die einzelnen Elemente.

Aufgabe 3

Wann treten Gesetze und Verordnungen in Kraft, wenn diese selbst keine Bestimmungen zu ihrem Inkrafttreten beinhalten?

Aufgabe 4

Unter welchen Voraussetzungen gelten Parteien nach dem GG als verfassungswidrig?

Aufgabe 5

Wer entscheidet abschließend über die Verfassungswidrigkeit einer Partei?

Aufgabe 6

Welche Verfassungsgrundsätze/Staatszielbestimmungen enthält das Grundgesetz?

Aufgabe 7

Welche Aufgabe hat die Bundesversammlung und wie setzt sich diese zusammen?

Aufgabe 8

Der Entwurf des *„Gesetzes zur Änderung des Gebäudeenergiegesetzes, zur Änderung der Heizkostenverordnung und zur Änderung der Kehr- und Überprüfungsordnung“* – kurz und folgend **Heizungsgesetz** – ist in aller Munde. Der Wirtschaftsminister, der auch dem Umweltschutz äußerst zugetan ist, hat sich zum Ziel gesetzt, den deutschen Beitrag zum Kampf gegen den Klimawandel dadurch zu erreichen, dass künftig nur noch klimafreundliche Heizungen eingebaut werden dürfen. Das sorgt für ordentlich Streit, auch in der Regierungskoalition. Da man sich hier nicht einig wird, sucht sich der Wirtschaftsminister mit der Umweltministerin eine Verbündete. Beide bringen ohne Absprache mit dem Kanzler das *„Heizungsgesetz“* direkt in den deutschen Bundestag ein. Auch die Vertretung der Länder, der Bundesrat, wird hierüber nicht vorab in Kenntnis gesetzt.

In Vorbereitung auf die Schlussabstimmung schäumt der Fraktionsvorsitzende der Opposition im Deutschen Bundestag vor Wut über das Gesetzesvorhaben und verhängt den Fraktionszwang. Alle Abgeordneten der Opposition hätten gefälligst gegen das Gesetzesvorhaben zu stimmen.

Der Bundestag stimmt nach mehreren Lesungen und dem ordnungsgemäß durchgeführten Verfahren im Bundestag in der Schlussabstimmung, an der 465 Abgeordnete teilnehmen, über den Gesetzentwurf zum Heizungsgesetz wie folgt ab:

Für das Gesetz:	319
Gegen das Gesetz:	134
Enthaltungen:	12

Die Präsidentin des Bundestages ist der Meinung, das Gesetz habe die notwendige Mehrheit im Bundestag erreicht und leitet das Gesetz unverzüglich an den Bundesrat weiter.

Nach einer kontrovers geführten Diskussion zwischen einzelnen Ländern im Bundesrat, der aus 69 gesetzlichen Mitgliedern besteht, kommt es zur Abstimmung über das Gesetz.

Da man sich seitens der Vertreter Nordrhein-Westfalens, das angesichts seiner fast 8 Millionen Einwohner doch ein gewisses Gewicht im Bundesrat hat, wegen der dort bevorstehenden Landtagswahlen nicht auf eine Entscheidung festlegen will, teilt man in der Abstimmung die Stimmen auf. Zwei Vertreter des Landes Nordrhein-Westfalen stimmen daher gegen das Gesetz, der Rest seiner Vertreter dafür.

Es wird folgendes Ergebnis festgestellt:

Für das Gesetz:	49
Dagegen:	14
Enthaltungen:	6

Teilaufgaben:

8.1 Wer kann Gesetzesvorlagen in den Deutschen Bundestag einbringen und wurde vorliegend das Gesetzesinitiativrecht ordnungsgemäß ausgeübt?

8.2 Was verstehen Sie unter *„aus der Mitte des Bundestages“* i. S. d. Art. 76 Abs. 1 GG und wo ist dies definiert? Es ist nicht erforderlich, Berechnungen vorzunehmen.

8.3 Bitte prüfen Sie, ob im Bundestag die erforderliche Mehrheit für die Änderung des Heizungsgesetzes erreicht wurde.

8.4 Bitte prüfen Sie, ob das Gesetz im Bundesrat die erforderliche Mehrheit erreicht hat. Gehen Sie dabei darauf ein, wie viele Stimmen das Land Nordrhein-Westfalen (NRW) im Bundesrat hat und bewerten Sie das Abstimmungsverhalten von NRW mit Blick auf dessen Gültigkeit.

Hinweis: Die von NRW abgegebenen Stimmen sind im o. g. Ergebnis, wie im Sachverhalt beschrieben, bereits so enthalten. Zwei Stimmen dagegen, der Rest dafür.

8.5 Wie bewerten Sie die Anordnung des *„Fraktionszwangs“* durch den Vorsitzenden der CDU und hätten die Abgeordneten abweichend auch trotzdem stimmen dürfen, wie sie es jeweils für richtig hielten?

Bearbeitungshinweise:

- Der Bundesrat und auch der Bundestag waren beschlussfähig.
- Für den Beschluss des *„Heizungsgesetzes“* bestimmt das Grundgesetz keine besondere Mehrheit.

Aufgabe 9

Um die Wahlbeteiligung künftig zu steigern, überlegt die Regierungsparteikünftig die unentschuldigte Nichtteilnahme an Bundestagswahlen mit einer Geldbuße zu ahnden. Diese soll 150 € beim ersten Verstoß und 300 € bei jedem weiteren Verstoß betragen.

Teilaufgaben:

9.1 Bitte nennen Sie die Wahlgrundsätze und deren Fundstelle im Grundgesetz.

9.2 Verstößt der gedachte Vorschlag zu Verhängung von Bußgeldern bei Nichtteilnahme gegen einen Wahlgrundsatz? Bitte begründen Sie Ihre Aussage.

Klausur 8

Aufgabe 1

Die sog. *„Ampel-Regierung“* hatte im Koalitionsvertrag vereinbart, den Besitz und Konsum von Cannabis zu legalisieren. Nachdem man sich innerhalb der Bundesregierung endlich auf den Gesetzesentwurf zum *„Cannabisgesetz“* einigen kann und diesen nach Beteiligung des Bundesrates auch ordnungsgemäß in den Deutschen Bundestag einbringt, entbrennt durch die Opposition im Parlament eine heftige Diskussion, insbesondere über die Nachteile einer solchen Legalisierung. Nach der Anlage I zum Betäubungsmittelgesetz handelt es sich bei Cannabis immerhin auch um ein Betäubungsmittel. Schließlich droht der Oppositionsführer im Deutschen Bundestag damit: *„Sollte das Gesetz tatsächlich den Bundestag passieren, werden wir es in der Länderkammer (Bundesrat) stoppen. Weiterhin werde ich als Fraktionsvorsitzender den Fraktionszwang im Bundestag anordnen, sodass alle Mitglieder der Opposition im Deutschen Bundestag geschlossen gegen das Gesetz stimmen werden.“* Außerdem sei der Bundesgesundheitsminister untragbar und solle vom Bundestag endlich per Gesetz abgesetzt werden.

Nach dem ordnungsgemäßen Verfahren wird das Cannabisgesetz im Bundestag zur Abstimmung gebracht. Dabei wird folgendes Abstimmungsergebnis erzielt:

Für das Gesetz:	318
Gegen das Gesetz:	106
Enthaltungen:	0

Die Präsidentin des Bundestages ist der Meinung, das Gesetz habe die notwendige Mehrheit im Bundestag erreicht und leitet das Gesetz unverzüglich an den Bundesrat weiter.

Nach einer kontrovers geführten Diskussion zwischen einzelnen Ländern im Bundesrat beschließt der Freistaat Sachsen, der Drohung der Opposition im Bundestag Nachdruck zu verleihen und das Gesetz im Bundesrat zu stoppen, zumindest aber zu verzögern. Dazu möchte er den Vermittlungsausschuss (VMA) anrufen und stellt einen entsprechenden Antrag im Bundesrat. Hierüber lässt die Präsidentin des Bundesrates auch abstimmen.

Es wird folgendes Ergebnis festgestellt:

- für die Anrufung des VMA 34
- gegen die Anrufung des VMA 18
- Enthaltungen 17

Die Präsidentin des Bundesrates kommt zu dem Ergebnis, dass die notwendige Mehrheit für die Anrufung des VMA nicht zustande gekommen sei. Der Ministerpräsident Sachsens erhebt hiergegen Einspruch: *„Jedes Kind könne doch sehen, dass deutlich mehr für den Antrag als dagegen waren“*.

Die Präsidentin des Bundesrates hält jedoch an ihrer Entscheidung fest und stellt die Ablehnung des Antrages fest. Eine Verzögerung des Gesetzes durch den VMA scheitert nach ihrem Dafürhalten.

Nunmehr lässt sie über das Cannabisgesetz im Bundesrat final abstimmen.

Es wird folgendes Ergebnis festgestellt:

- für das Cannabisgesetz 35
- gegen das Cannabisgesetz 34
- Enthaltungen 0

Die Präsidentin des Bundesrates gibt das Ergebnis der Abstimmung bekannt und stellt jetzt fest, dass die notwendige Mehrheit erreicht worden sei und das Cannabisgesetz nun dem Bundespräsidenten zur Ausfertigung und Verkündung übersandt werden würde. Das bringt Sachsens Ministerpräsident vollends an den Rand seiner Belastbarkeit.

Wütend packt er seine Sachen und ruft laut: *„Plötzlich reicht eine Stimme mehr?! Macht doch euren Dreck allein, das nächste Mal schicke ich den Hausmeister des Landtages aus Dresden zur Abstimmung.“*

Teilaufgaben:

1.1 Bitte prüfen Sie die formelle Rechtmäßigkeit des Cannabisgesetzes im Bundestag (Gesetzgebungszuständigkeit, Gesetzesinitiativrecht, Mehrheit im Bundestag).

1.2 Bitte prüfen Sie, ob vorliegend auch der Bundestag und die Bundesregierung die Einberufung des Vermittlungsausschusses verlangen könnten.

1.3 Bitte prüfen Sie, ob im Bundesrat die erforderliche Mehrheit

a) für den Antrag Sachsens zur Anrufung des Vermittlungsausschusses und anschließend
b) für das Cannabisgesetz

zustande gekommen ist.

1.4 Könnte der Deutsche Bundestag, wie von der Opposition vorgeschlagen, mittels eines mehrheitlichen Beschlusses einen Minister per Gesetz aus dem Amt entlassen lassen?

1.5 Wie beurteilen Sie den vom Oppositionsführer ausgegeben „*Fraktionszwang*“ mit Blick auf das freie Mandat der Bundestagsabgeordneten? Könnten sich Abgeordnete hiergegen auch zur Wehr setzen und stimmen, wie sie es persönlich für richtig halten?

1.6 Ist die Idee des sächsischen Ministerpräsidenten, den Freistaat Sachsen künftig vom Hausmeister des Landtages im Bundesrat vertreten zu lassen, rechtlich umsetzbar?

1.7 Wann treten Gesetze in Kraft, wenn sie selbst keine Bestimmung über den Zeitpunkt ihres Inkrafttretens enthalten?

1.8 Unter welchen Voraussetzungen ist es ausnahmsweise möglich, dass eine Ministerpräsidentin/ein Ministerpräsident ein Bundesgesetz ausfertigt und verkündet?

Bearbeitungshinweise:

- Der Bundesrat hat derzeit 69 gesetzliche Mitglieder (Stimmen).
- Bundestag und Bundesrat waren auch jeweils beschlussfähig.
- Das Cannabisgesetz fällt in den Bereich „*... (...) Recht der Arzneien, der Medizinprodukte, der Heilmittel, der Betäubungsmittel und der Gifte*“.
- Der Hausmeister des Landtages in Sachsen ist kein Mitglied des Sächsischen Landtages oder der sächsischen Landesregierung.

Klausur 9

Aufgabe 1

Wegen der weiter anhaltenden und steigenden militärischen Bedrohungslage hat die Bundesregierung, nachdem die Wehrpflicht vor Jahren ausgesetzt wurde und wesentliche Infrastrukturen für die Erfassung Wehrpflichtiger abgebaut wurden, beschlossen, dies zu ändern und Wehrpflichtige wieder systematisch zu erfassen. Sie bringt dazu nach Abstimmung im Kabinett den Entwurf eines *„Gesetzes zur Modernisierung wehrersatzrechtlicher Vorschriften und zur Einführung eines neuen Wehrdienstes“* (WehrdModG) ordnungsgemäß in den Deutschen Bundestag ein. Sofort entbrennt durch die Opposition im Parlament eine heftige Diskussion. Der Gesetzesentwurf sei lachhaft und würde weder mehr Sicherheit noch Soldaten bringen. Außerdem sei der Verteidigungsminister untragbar und solle vom Bundestag endlich per Gesetz abgesetzt werden. *„Es habe in der Geschichte der Bundesrepublik ja schon etliche politische Versager und Vollpfosten gegeben, der jetzige Verteidigungsminister scheint aber die totale Unfähigkeit in Person zu sein“.* Der Bundesverteidigungsminister ist über die Aussagen des Oppositionsführers wegen der vermeintlichen *„totalen Unfähigkeit“* und des Ausdrucks *„Vollpfosten“* entsetzt, und will ihn für seine Aussage im Bundestag strafrechtlich zur Rechenschaft ziehen.

Der Bundestag stimmt nach mehreren Lesungen und dem ordnungsgemäß durchgeführten Verfahren im Bundestag in der Schlussabstimmung über den Gesetzentwurf zum WehrdModG wie folgt ab:

Für das Gesetz:	319
Gegen das Gesetz:	106
Enthaltungen:	0

Anschließend wird über das WehrdModG im Bundesrat wie folgt final abgestimmt:

- für das WehrdModG 35
- gegen das WehrdModG 31
- Enthaltungen 3

Die Präsidentin des Bundesrates gibt das Ergebnis der Abstimmung bekannt und stellt jetzt fest, dass die notwendige Mehrheit erreicht worden sei und das WehrdModG nun dem Bundespräsidenten zur Ausfertigung und Verkündung übersandt werden würde.

Teilaufgaben:

1.1 Bitte prüfen Sie die formelle Rechtmäßigkeit des WehrdModG im Bundestag (Gesetzgebungszuständigkeit, Gesetzesinitiativrecht, Beschlussfähigkeit, notwendige Mehrheit im Bundestag).

1.2 Was ist der Vermittlungsausschuss?

1.3 Bitte prüfen Sie, ob im Bundesrat die erforderliche Mehrheit für das WehrdModG erreicht wurde.

1.4 Was verstehen Sie unter *„Gegenzeichnung“* i. S. d. Art. 82 Abs. 1 GG?

1.5 Könnte der Oppositionsführer wegen seiner Aussage im Bundestag Es habe in der Geschichte der Bundesrepublik schon etliche politische Versager und Vollpfosten gegeben, der jetzige Verteidigungsminister scheint aber die totale Unfähigkeit in Person zu sein“ strafrechtlich zur Verantwortung gezogen werden?

Bearbeitungshinweise:

- Der Bundesrat hat derzeit 69 gesetzliche Mitglieder (Stimmen).
- Der Bundesrat war beschlussfähig.
- Die Gesetzesvorlage wurde vorab ordnungsgemäß dem Bundesrat zugeleitet.
- Das WehrdModG fällt in den Bereich *„... (...) Verteidigung“*.
- Die Bundesländer sind bei der Gesetzgebung in einem Bundesgesetz nicht ausdrücklich ermächtigt.
- Die Aussage des Oppositionsführers im Deutschen Bundestag über den Bundesverteidigungsminister ist keine verleumderische Beleidigung.

Aufgabe 2

Seit langer Zeit wird über ein Verbot der Partei *„Alle für Dosenbier“* (AfDo) diskutiert. Gem. § 43 Abs. 1 Bundesverfassungsgerichtsgesetz kann der Antrag auf Entscheidung, ob eine Partei verfassungswidrig ist, vom Bundestag, dem Bundesrat oder von der Bundesregierung gestellt werden. Konkrete Initiativen gab es jedoch bisher weder von der Bundesregierung noch vom Bundesrat. Schließlich findet sich eine Gruppe von Mitgliedern des Deutschen Bundestages, die partei- und fraktionsübergreifend ein Verbotsverfahren gegen die AfDo anstreben möchte. Insgesamt unterzeichnen 30 Abgeordnete des Deutschen Bundestags eine entsprechend begründete Vorlage zum Antrag auf Verbot der AfDo und bringen diese in den Deutschen Bundestag ein.

Die Präsidentin des Deutschen Bundestages hält die Vorlage für unzulässig.

Teilaufgaben:

2.1 Lag die notwendige Mehrheit <u>für die Vorlage</u> des Antrages im Deutschen Bundestag vor?

Aufgabe 3

Der Bundeskanzler sieht sich wegen diverser Entscheidungen und öffentlich ausgetragener Streitigkeiten seiner eigenen Koalition gezwungen, im Bundestag die sog. Vertrauensfrage zu stellen. Er möchte damit sicherstellen, dass die Regierungskoalition im Bundestag hinter ihm und seiner Regierung steht und auch künftige gemeinsame Gesetzesvorhaben planbar und sicher mit den entsprechenden Mehrheiten den Bundestag passieren. Weiterhin hofft er damit auch in der Öffentlichkeit deutlich klarzumachen, dass die Bundesregierung klar handlungsfähig und verlässlich ist. Die Opposition fordert den Bundeskanzler seit einiger Zeit energisch zu diesem Schritt auf, da sie darauf spekuliert, so vorzeitige Neuwahlen herbeiführen zu können.

Der Bundeskanzler verbindet die Vertrauensfrage mit einem Gesetz zu Reform des Rentensystems in Deutschland (RentRefG).

Der Bundestag stimmt nach mehreren Lesungen und dem ordnungsgemäß durchgeführten Verfahren im Bundestag in der Schlussabstimmung, an der 502 Abgeordnete teilnehmen, über den Gesetzentwurf zum RentRefG wie folgt ab:

Für das Gesetz:	312
Gegen das Gesetz:	170
Enthaltungen:	20

Nachdem die Präsidentin des Deutschen Bundestages das Ergebnis bekannt gibt, freut sich der Bundeskanzler, dass das Gesetz eine Mehrheit erreicht hat und ihm dadurch der Deutsche Bundestag das Vertrauen ausgesprochen hat. Andere Mitglieder auf der Regierungsbank schauen betroffen in Richtung Kanzler.

Teilaufgaben:

3.1. Wurde die notwendige Mehrheit für das RentRefG, das mit der Vertrauensfrage im Deutschen Bundestag verbunden war, erreicht und hat der Deutsche Bundestag dem Bundeskanzler das Vertrauen ausgesprochen?

3.2. Falls die notwendige Mehrheit zu 3.1 erreicht wurde, wie könnte der Deutsche Bundestag trotzdem dem Bundeskanzler anderweitig das Misstrauen aussprechen und seine Amtszeit beenden?

3.3 Falls die notwendige Mehrheit zu 3.1 nicht erreicht wurde, innerhalb welcher Frist wären bei einer Auflösung des Bundestages durch den Bundespräsidenten Neuwahlen durchzuführen?

3.4 Könnte der Bundeskanzler auch von sich aus von seinem Amt zurücktreten?

Aufgabe 4

Wegen der Wahlerfolge politisch extremer und auch vom Verfassungsschutz als gesichert rechtsextrem eingestufter Parteien beschließt die Bundesregierung, das Bundesverfassungsgericht (BVerfG) in seiner Struktur gegen mögliche Manipulationen und Änderungen zu stärken. Bislang im Bundesverfassungsgerichtsgesetz (BVerfGG) verankerte Regelungen (z. B. zum Mindest- und Höchstalter der Richterinnen und Richter) sollen künftig im Grundgesetz verankert und damit verfestigt werden. Damit soll der Zugriff auf mögliche gesetzliche Änderungen und bspw. den „Austausch" von Richterinnen und Richtern am BVerfG erschwert werden.

Teilaufgaben:

4.1. Warum stellt die Verankerung wesentlicher Bestimmungen des BVerfG im Grundgesetz einen besseren Schutz dar als im (einfachgesetzlichen) BVerfGG?

4.2. Wer bestimmt nach dem Grundgesetz die Zusammensetzung des BVerfG?

4.3. Woraus ergibt sich aus dem Grundgesetz die Zuständigkeit des BVerfG für die Entscheidung über Verfassungsbeschwerden?

Klausur 10

Aufgabe 1

Mit den zunehmenden Wahlerfolgen extremer politischer Ränder nimmt der Druck auf die Bundesregierung zu, die obersten Verfassungsorgane besser schützen zu müssen. Insbesondere das Bundesverfassungsgericht, als „Hüterin der Verfassung und der Grundrechte", soll nach Ansicht vieler Politiker wesentlich besser vor fundamentalen Änderungen und Manipulationen geschützt werden. So sollen die bisher im Bundesverfassungsgerichtsgesetz – einfach – bundesgesetzlich geregelten Vorschriften, u. a. über die Organisation und die Besetzung der Richterinnen und Richter, künftig in das Grundgesetz übernommen werden. Dementsprechend ist eine Änderung des GG notwendig. Nach Abstimmung im Kabinett bringt die Bundesregierung schließlich das

„Gesetz zur Änderung des Grundgesetzes (Artikel 93 und 94) (GGÄndG)"

in den deutschen Bundestag ein. Der Bundesrat wurde im Rahmen des Initiativrechtes vorher ordnungsgemäß beteiligt. Insbesondere die in den Landesparlamenten stark vertretene Partei *„Alle für Dosenbier"* (AfDo) kritisiert das Vorhaben. Sie hält das Vorhaben für vollkommen überzogen. Die Demokratie würde sich schon zu wehren wissen.

Der Bundestag stimmt nach mehreren Lesungen und dem ordnungsgemäß durchgeführten Verfahren im Bundestag in der Schlussabstimmung, an der 515 Abgeordnete im Sitzungssaal teilnehmen, über den Gesetzentwurf zum GGÄndG wie folgt ab:

Für das Gesetz:	421
Gegen das Gesetz:	90
Enthaltungen:	4

Die Präsidentin des Bundestages ist der Meinung, das Gesetz habe die notwendige Mehrheit im Bundestag erreicht und leitet das Gesetz unverzüglich an den Bundesrat weiter.

Im Bundesrat entsteht ebenso eine angeregte Diskussion über das beabsichtigte Gesetzesvorhaben. Die AfDo, die in einigen Länderkoalitionen mitregiert, kündigt an, hier nicht zustimmen zu wollen.

Schließlich kommt es zur Abstimmung im Bundesrat. Am Tag der Abstimmung fehlen drei der vier Bundesratsmitglieder aus Sachsen-Anhalt. Der Ministerpräsident reist allein nach Berlin. Er war zu früh aufgestanden, und nachdem seine drei Minister-Kollegen nicht am verabredeten Treffpunkt auftauchten, fuhr er allein von Magdeburg nach Berlin. Er befürwortet das GGÄndG.

Die sächsische Koalition streitet bis zum Schluss, wie sich der Freistaat Sachsen nun positionieren soll. Sachsen hat vier Stimmen im Bundesrat. Bei der Abstimmung stimmen zwei der vier für das GGÄndG, zwei stimmen dagegen.

In der Schlussabstimmung ergibt sich dann insgesamt folgendes Ergebnis:

Für das Gesetz:	45
Gegen das Gesetz:	18
Enthaltungen:	3

Teilaufgaben:

1.1 Wurde das Gesetzesinitiativrecht im deutschen Bundestag ordnungsgemäß ausgeübt?

1.2 Hat das GGÄndG im Bundestag die notwendige Mehrheit erhalten? Bitte prüfen Sie gutachterlich.

1.3 Wie viele Stimmen hat das Land Sachsen-Anhalt abgegeben und hat es für oder gegen das GGÄndG gestimmt?

1.4 Wie bewerten Sie die Stimmabgabe der Vertreter des Freistaates Sachsen im Bundesrat?

1.5 Handelte es sich beim GGÄndG um ein sog. *„Zustimmungsgesetz"*?

1.6 Bitte prüfen Sie, ob im Bundesrat die erforderliche Mehrheit für das GGÄndG zustande gekommen ist.

1.7 Wie viele Stimmen hat das Land Brandenburg, das rund 2,6 Millionen Einwohner hat, im Bundesrat?

1.8 Haben die Mitglieder der Bundesregierung das Recht und auf Verlangen die Pflicht, an den Verhandlungen des Bundesrates und seiner Ausschüsse teilzunehmen?

Bearbeitungshinweise:

- Der Bundesrat hat derzeit 69 gesetzliche Mitglieder (Stimmen).
- Der Bundestag und der Bundesrat waren beschlussfähig.
- Bitte beantworten Sie Ihre Lösung (soweit möglich) immer unter Angabe der gesetzlichen Grundlagen.

Aufgabe 2

Die steigenden Kosten im Gesundheitssystem und damit verbunden die weiteren Schließungen von Krankenhäusern – insbesondere im ländlichen Raum – zwingen den Bundesgesundheitsminister dazu, eine Reform der Krankenhausfinanzierung zu initiieren. Schließlich bringt die Bundesregierung das sog. *„Krankenhausversorgungsverbesserungsgesetz"* (KhVersG) in den deutschen Bundestag ein. Ziele sind die Sicherung und Steigerung der Behandlungsqualität, die Gewährleistung einer flächendeckenden medizinischen Versorgung für Patientinnen und Patienten, die Steigerung der Effizienz in der Krankenhausversorgung sowie Entbürokratisierung. Das neue KhVersG soll vor allem dafür sorgen, dass bundesweit einheitliche Standards geschaffen werden. Es soll bundesweit eine Gleichwertigkeit erreicht werden. Nachdem das Gesetz den deutschen Bundestag passiert hat und ordnungsgemäß dem Bundesrat zugeleitet wurde, haben die Länder Zweifel an der Sinnhaftigkeit des Vorhabens.

Teilaufgaben:

2.1 Bitte prüfen Sie die Gesetzgebungszuständigkeit für das KhVersG.

2.2 Die Einberufung welches Ausschusses könnten die Länder binnen drei Wochen nach Eingang des KhVersG verlangen, wenn sie mit dem Gesetzesentwurf nicht einverstanden sind und einen Einspruch planen?

2.3 Aus welchem Verfassungsgrundsatz/Staatsziel könnte sich die Pflicht ergeben, auch künftig eine angemessene medizinische Versorgung vorhalten zu müssen?

2.4 Wäre es denkbar, die durch dieses Staatsziel niedergelegten Grundsätze durch eine Grundgesetzänderung abzuschaffen bzw. inhaltlich zu berühren, um vielleicht künftig Kosten im öffentlichen Gesundheitsbereich in Größenordnungen sparen zu können?

Bearbeitungshinweise:

- Das KhVersG ist dem Bereich *„...wirtschaftliche Sicherung der Krankenhäuser (...)"* zuzuordnen.

Aufgabe 3

Seit Monaten macht die Bundesregierung vor allem durch öffentlichen Streit und Uneinigkeit auf sich aufmerksam. Die Koalition scheint in den Grundfesten ihrer Ziele weit auseinander zu liegen. Die Opposition fordert den Bundeskanzler seit einiger Zeit energisch auf, endlich die Vertrauensfrage zu stellen, da sie darauf spekuliert, so vorzeitige Neuwahlen herbeiführen zu können. Der Kanzler stellt diese jedoch nicht im deutschen Bundestag. Schließlich reicht es der Opposition. *„Wenn der Kanzler selbst nicht handeln will, muss die Opposition der politischen Hängepartie ein Ende bereiten".*

Sie beabsichtigt, dem Kanzler das Misstrauen aussprechen zu lassen, indem der Deutsche Bundestag einen neuen Kanzler wählt.

Die Opposition beantragt daher ordnungsgemäß die Wahl eines neuen Bundeskanzlers. Dies soll der Oppositionsführer Peter Erz werden.

An der Abstimmung nehmen 483 Abgeordnete teil.

In der Schlussabstimmung ergibt sich dann insgesamt folgendes Ergebnis:

Für Herrn Erz:	314
Gegen Herrn Erz:	160
Enthaltungen:	9

Nachdem die Präsidentin des deutschen Bundestages das Ergebnis bekannt gibt, freut sich Herr Erz, dass der deutsche Bundestag ihn zum Kanzler gewählt und dem amtierenden Kanzler dadurch das Misstrauen ausgesprochen hat.

Teilaufgaben:

3.1 Freut sich Herr Erz zu Recht? Wurde durch die Abstimmung dem amtierenden Kanzler das Misstrauen ausgesprochen und Herr Erz zum Kanzler gewählt?

3.2 Unabhängig von Aufgabe 3.1: Falls der Deutsche Bundestag dem Bundeskanzler das Misstrauen ausspricht und den Bundespräsidenten ersucht, Herrn Erz zum Kanzler zu ernennen, müsste der Bundespräsident ihn ernennen oder hätte er hierzu Ermessen?

3.3 Was passiert mit den übrigen Ministern der Regierung, wenn das Amt des Bundeskanzlers bspw. durch ein Misstrauensvotum endet?

Aufgabe 4

Während der Deutsche Bundestag in den vergangenen Legislaturperioden eine Vielzahl von verschiedenen Ausschüssen einrichtete, sieht das Grundgesetz selbst nur vier verpflichtende Ausschüsse vor. Welche sind das?

Klausur 11

Aufgabe 1

Teil A

Während des Bundestagswahlkampfes spielten die Themen Staatsfinanzierung und Sicherung der Sozialsysteme eine wesentliche Rolle. Die Regierung versprach während des Wahlkampfes, dass Beamte künftig auch in die gesetzliche Krankenversicherung einzahlen, um deren Finanzierung stabil zu halten. Daneben möchte man bei Beamten die Möglichkeit der Teilzeitbeschäftigung abschaffen, da in der Öffentlichkeit zunehmend der Eindruck entsteht, dass Beamte dies vor allem dafür nutzen, den Freizeitanteil noch erhöhen zu können. Die Bundesregierung bringt daher nach Abstimmung im Kabinett und vorheriger Unterrichtung des Bundesrates das *„Gesetz zur Änderung des Beamtenstatusgesetzes (BeamtStGÄndG)"* in den Deutschen Bundestag ein. Da die Regelungen auch unmittelbar für die Beamten der Länder und Kommunen Auswirkungen haben, regt sich erheblicher Widerstand in den Ländern. Vor allem wird argumentiert, dass es ohnehin kaum noch Menschen gibt, die sich für den Beruf interessieren. Wenn man jetzt noch die Möglichkeit der Teilzeit streicht, wird es für Länder und Kommunen künftig noch schwerer, geeignetes Personal zu finden. Befürworter der Regelungen gehen allerdings noch weiter und fordern, das in Art. 33 Abs. 4 GG verankerte Berufsbeamtentum endlich ganz abzuschaffen.

Der Bundestag stimmte nach mehreren Lesungen und dem ordnungsgemäß durchgeführten Verfahren im Bundestag in der Schlussabstimmung, an der 435 Abgeordnete teilnehmen, über den Gesetzentwurf zum BeamtStGÄndG mit folgendem Ergebnis ab:

für das BeamtStGÄndG:	320
gegen das BeamtStGÄndG:	110
Enthaltungen:	5

Die Präsidentin des Bundestages ist der Meinung, das Gesetz habe die notwendige Mehrheit im Bundestag erreicht und leitet das Gesetz unverzüglich an den Bundesrat weiter.

Im Bundesrat geht die Diskussion um das Gesetzgebungsvorhaben intensiv weiter. Schließlich kommt es zur Abstimmung im Bundesrat. Am Tag der Abstimmung fehlen 18 Mitglieder (Stimmen) im Bundesrat. Es sind lediglich 51 Mitglieder (Stimmen) anwesend.

Die Abstimmung im Bundesrat bringt folgendes Ergebnis:

für das BeamtStGÄndG:	26
gegen das BeamtStGÄndG:	25
Enthaltungen:	0

Die Präsidentin des Bundesrates ist der Meinung, das Gesetz habe, obwohl mehr für als gegen das Gesetz gestimmt haben, die notwendige Mehrheit im Bundesrat nicht erreicht.

Schließlich ruft die Bundesregierung den Vermittlungsausschuss an, um sich zu den Inhalten des Gesetzes vielleicht doch noch mit den Ländern verständigen zu können. Immerhin handelt es sich bei dem Gesetz um ein Wahlversprechen der Regierung.

Teilaufgaben A:

1.1 Wurde das Gesetzesinitiativrecht im deutschen Bundestag ordnungsgemäß ausgeübt und wer hatte die Gesetzgebungszuständigkeit für das Gesetz?

1.2 Hat das BeamtStGÄndG im Bundestag die erforderliche Mehrheit erhalten? Bitte prüfen Sie gutachterlich.

1.3 Hat das BeamtStGÄndG im Bundesrat die erforderliche Mehrheit erreicht?

1.4 Durfte die Bundesregierung vorliegend den Vermittlungsausschuss anrufen?

1.5 Unabhängig vom Sachverhalt: Hätte der Deutsche Bundestag bei einem Einspruch des Bundesrates (nach dem Verfahren im Vermittlungsausschuss) die Möglichkeit, diesen zurückzuweisen? Wenn ja, welche Mehrheit ist hier erforderlich?

Bearbeitungshinweise:
- Der Bundesrat hat derzeit 69 gesetzliche Mitglieder (Stimmen).
- Der Bundestag und der Bundesrat waren beschlussfähig.
- Das BeamtStGÄndG ist dem Bereich „*…Statusrechte und -pflichten der Beamten der Länder, Gemeinden und anderen Körperschaften des öffentlichen Rechts (…)*“ zuzuordnen.

Teil B

Wie Sie dem Sachverhalt zu Teil A entnehmen konnten, gibt es durchaus Stimmen, die eine Abschaffung des Berufsbeamtentums in Gänze fordern. Die Einrichtungsgarantie des grundsätzlich auf Lebenszeit ausgelegten Beamtentums findet sich in Art. 33 Abs. 4 GG.

Um nun das Berufsbeamtentum abzuschaffen, wäre eine Änderung bzw. Streichung des Art. 33 Abs. 4 GG notwendig und damit eine Grundgesetzänderung.

Teilaufgaben B:

1.6 Welche Mehrheiten sieht das Grundgesetz für die Änderung des Grundgesetzes vor?

1.7 Bezogen auf Frage 1.6 und unabhängig vom Teil A der Klausur: Wie viele Stimmen für eine Änderung des GG wären also im Bundestag und im Bundesrat jeweils konkret mindestens notwendig?

1.8 Die Forderung, dass Beamte künftig auch in die Sozialversicherung einzahlen, soll vor allem der Stabilität der Sozialversicherung dienen. Welchem Staatsziel dienen die Sozialversicherungssysteme?

1.9 Bezogen auf Frage 1.8: Wäre es denkbar, das in Rede stehende Staatsziel einfach per Gesetz abzuschaffen?

Aufgabe 2

Allem der Jugend nachgesagten Politikverdruss zum Trotz gründet eine Gruppe von jungen Menschen die „Partei zu Stabilisierung der Staatsfinanzen" (PSS). Sie sehen die größte Gefahr für die Demokratie darin, dass der Staat wegen klammer Kassen nicht langfristig gegen radikale Kräfte bestehen kann. Deswegen wollen sie hauptsächlich für einen schlanken Staat und solide Finanzen stehen. Vorsitzender der Partei soll der 16-jährige Peter Schmoll sein. Peter wohnt erst seit zwei Jahre in Deutschland und hat die österreichische Staatsangehörigkeit. Am Abend der Parteigründung ist man voller Euphorie, dass man bei der in wenigen Wochen stattfindenden Bundestagswahl erstmalig antreten kann und Peter vielleicht auch das Direktmandat in seinem Wahlkreis gewinnen kann. Insbesondere wegen der weitgehenden Unbekanntheit fürchtet man aber auch, an der sog. „5 %-Hürde" scheitern zu können. Die PSS hat sich auch zum Ziel gesetzt, die Anzahl der Bundesländer auf nur noch zwei (Süd- und Norddeutschland) zu reduzieren. So könnte man 16 Landesverwaltungen einsparen und damit jedes Jahr Milliarden.

Teilaufgaben:

2.1 Bedarf es zur Gründung der PSS einer Genehmigung? Was sieht das GG hier vor?

2.2 Welches Wahlrecht möchte der 16-jährige Peter in Anspruch nehmen und könnte er für den Bundestag kandidieren? Gehen Sie hierbei sowohl auf sein Alter und seine Staatsangehörigkeit unter Nutzung der Vorschriften des GG und des Bundeswahlgesetzes (BWG) ein.

2.3 Auf welcher gesetzlichen Grundlage basiert die „5 %-Hürde“ und warum hat man sie überhaupt eingeführt?

2.4 Ist die Idee, die Anzahl der Bundesländer von 16 auf 2 zu reduzieren, rechtlich überhaupt möglich? Nennen Sie die ggf. in Betracht kommende Norm des Grundgesetzes, ohne auf deren Inhalt weiter einzugehen.

2.5 Wäre es auch denkbar, die Bundesländer in Gänze abzuschaffen? Wenn nein, warum nicht?

Aufgabe 3

Oft wird bemängelt, dass die Wahlperiode des Bundestages zu kurz sei. Am Ende blieben lediglich maximal zwei Jahre, in denen echte Politik zum Wohle des Volkes gemacht wird. Vorher dauern Koalitionsfindungen meist sehr lange und kurz darauf steckt man schon wieder im Wahlkampf für die nächste Wahl. Es kommt daher der Gedanke auf, die Wahlperiode des Deutschen Bundestages künftig auf 30 Jahre zu verlängern. So bliebe ausreichend Zeit, in Ruhe die im Wahlkampf erklärten Ziele verwirklichen zu können. Es herrscht Kontinuität.

Teilaufgaben:

3.1 In welchen Fällen kann bzw. muss der Bundespräsident den Deutschen Bundestag auflösen?

3.2 Nehmen Sie zu dem Vorschlag, die Wahlperiode künftig auf 30 Jahre zu verlängern, mit Blick auf die Staatsziele Stellung. Sehen Sie hier einen möglichen Verstoß gegen ein Staatsziel?

3.3 Wer ist der Träger der Staatsgewalt nach dem Grundgesetz und wie übt der Träger die Staatsgewalt in Deutschland aus?

Aufgabe 4

Seit Monaten macht die Bundesregierung vor allem durch öffentlichen Streit und Uneinigkeit auf sich aufmerksam. Die Koalition scheint in den Grundfesten ihrer Ziele weit auseinander zu liegen. Die Opposition fordert den Bundeskanzler seit einiger Zeit energisch auf, endlich die Vertrauensfrage zu stellen, da sie darauf spekuliert, so vorzeitige Neuwahlen herbeiführen zu können. Der Kanzler stellt diese jedoch nicht im deutschen Bundestag. Schließlich reicht es der Opposition. „Wenn der Kanzler selbst nicht handeln will, muss die Opposition der politischen Hängepartie ein Ende bereiten“. Sie beabsichtigt, dem Kanzler das Misstrauen aussprechen zu lassen, indem der Deutsche Bundestag einen neuen Kanzler wählt.

Die Opposition beantragt daher ordnungsgemäß die Wahl eines neuen Bundeskanzlers. Dies soll der Oppositionsführer Peter Erz werden.

An der Abstimmung nehmen 483 Abgeordnete teil, die wie folgt abstimmen:

Für Herrn Erz:	314
Gegen Herrn Erz:	160
Enthaltungen:	9

Nachdem die Präsidentin des deutschen Bundestages das Ergebnis bekannt gibt, freut sich Herr Erz, dass der deutsche Bundestag ihn zum Kanzler gewählt und dem amtierenden Kanzler dadurch das Misstrauen ausgesprochen hat.

Teilaufgaben:

4.1 Freut sich Herr Erz zu Recht? Wurde durch die Abstimmung dem amtierenden Kanzler das Misstrauen ausgesprochen und Herr Erz zum Kanzler gewählt

4.2 Was passiert mit den übrigen Ministern der Regierung, wenn das Amt des Bundeskanzlers bspw. durch ein Misstrauensvotum endet?

Aufgabe 5 (Grundrechtslehre)

Wegen der anhaltenden Rezession sinken bei der Bosch GmbH, die ihren Firmensitz in Deutschland hat, die Absatzzahlen dramatisch. Bosch wird nach Firmenangaben ca. 3.000 Stellen in Deutschland abbauen. Man wirbt medial darum, dass der Staat schnellstmöglich Unterstützungen für die Wirtschaft initiiert. Als bekannt wird, dass die Bundesrepublik Deutschland bei der ebenfalls wirtschaftlich stark angeschlagenen Meyer-Werft als Anteilsnehmerin einsteigen wird, schäumt man vor Wut und sieht sich ungleich behandelt. Der Deutsche Bundestag hat das „Meyer-Werft-Schutzgesetz – MWSchG" hierzu kürzlich beschlossen. Es trat am 01.11.2023 in Kraft. Die Bosch GmbH legt beim Bundesverfassungsgericht am 15.01.2024 eine mit einer Begründung versehene, schriftliche Verfassungsbeschwerde wegen des Verstoßes gegen Art. 3 GG ein.

Teilaufgaben:

5.1 Ist die Bosch GmbH grundrechtsfähig und könnte die GmbH eine Verfassungsbeschwerde beim Bundesverfassungsgericht wegen des beklagten Verstoßes gegen den Art. 3 GG einreichen?

5.2 Innerhalb welcher Frist müsste die Bosch GmbH die Verfassungsbeschwerde gegen das MWSchG einlegen und wurde diese fristgerecht eingelegt?

Aufgabe 6 (Europarecht)

Nach dem Grundsatz der begrenzten Einzelermächtigung aus Art. 5 Abs. 2 des Vertrages über die Europäische Union (EUV) wird die Union nur innerhalb der Grenzen der Zuständigkeiten tätig, die die Mitgliedstaaten ihr in den Verträgen zur Verwirklichung der darin niedergelegten Ziele übertragen haben.

Teilaufgaben

6.1 Aufgrund welcher grundgesetzlichen Regelung darf die Bundesrepublik Deutschland Hoheitsrechte an die Europäische Union übertragen?

6.2 Welche Arten von Rechtsvorschriften des sekundären Europarechts sieht der Vertrag über die Arbeitsweise der Europäischen Union (AEUV) vor?

6.3 Wäre es grundsätzlich möglich, dass ein spanischer Staatsangehöriger für ein Mandat im Kreistag des Landkreises Mansfeld – Südharz in Sachsen-Anhalt kandidiert? Gehen Sie nur auf die Vorschriften des GG ein.

Bearbeitungshinweise:

- Eine GmbH ist eine juristische Person des Privatrechts.
- Spanien ist ein Mitgliedstaat der Europäischen Gemeinschaft.
- Gegen das MWSchG ist kein sonstiger Rechtsbehelf möglich.
- Bitte beantworten Sie Ihre Lösung (soweit möglich) immer unter Angabe der gesetzlichen Grundlagen.

Lösungsteil

Lösung Klausur 1

Aufgabe 1

1.1

Nach Art. 76 Abs. 1 GG haben die Bundesregierung, die Mitte des Bundestages und der Bundesrat das Recht, Gesetzesentwürfe in den Bundestag einzubringen. Vorliegend hat die Bundesregierung als Kollegialorgan (Art. 62 GG) nach Beschlussfassung im Kabinett (Art. 65 Satz 3 GG) das Gesetz in den Deutschen Bundestag eingebracht. Dem Bundesrat wurde das Gesetzesvorhaben vorher zugeleitet (Art. 76 Abs. 2 GG). Damit wurde das Gesetzesinitiativrecht ordnungsgemäß ausgeübt.

1.2

Nach Art. 70 Abs. 1 GG haben die Länder grundsätzlich das Recht der Gesetzgebung, soweit nicht das GG dem Bund die Zuständigkeit verleiht. Gem. Art. 70 Abs. 2 GG bemisst sich die Abgrenzung der Zuständigkeit zwischen Bund und Ländern nach den Vorschriften des Grundgesetzes über die ausschließliche und die konkurrierende Gesetzgebung. Der Infektionsschutz gehört gem. Art. 74 (1) Nr. 19 GG in den Bereich der konkurrierenden Gesetzgebung. Im Bereich der konkurrierenden Gesetzgebung haben die Länder die Befugnis zur Gesetzgebung, solange und soweit der Bund von seiner Gesetzgebungszuständigkeit nicht durch Gesetz Gebrauch gemacht hat (Art. 72 Abs. 1 GG). Hier hat der Bund bereits von seiner Gesetzgebungszuständigkeit Gebrauch gemacht. Das Gesetz soll entsprechend geändert werden. Ein Fall von Art. 72 Abs. 2 GG liegt nicht vor. Der Bund ist für den Erlass des Gesetzes zuständig.

1.3

Bundestag:

Nach Art. 42 Abs. 2 GG ist die Mehrheit der abgegebenen Stimmen für den Gesetzesbeschluss erforderlich, soweit das GG nichts anderes bestimmt. Für die Änderung des Infektionsschutzgesetzes bestimmt das GG keine andere Mehrheit.

Es gilt also die Mehrheit der abgegebenen Stimmen. Hierbei werden die Enthaltungen nicht berücksichtigt. Mit 188/182 Stimmen liegt die Mehrheit der abgegebenen Stimmen für das Gesetz vor. Die erforderliche Mehrheit wurde im Bundestag erreicht.

Bundesrat:

Nach Art. 52 Abs. 3 GG fasst der Bundesrat seine Beschlüsse mit mindestens der Mehrheit seiner Stimmen. Dabei ist von allen 69 Stimmen auszugehen.

Die benötigte Mehrheit beträgt 35 Stimmen, die laut SV (zunächst) auch erfüllt sind. Fraglich ist aber, ob der Ministerpräsident und die Ministerin vier Stimmen abgeben durften. Sachsen-Anhalt hat aufgrund seiner Einwohnerzahl von 2,1 Mio. Einwohnern gem. Art. 51 Abs. 2 GG vier Stimmen im Bundesrat. Nach Art. 51 Abs. 3 Satz 1 GG kann ein Land so viele Mitglieder entsenden, wie es Stimmen hat. Sachsen-Anhalt kann also vier Mitglieder entsenden, muss es aber nicht. Daher bleiben die vier Stimmen dem Land auf jeden Fall erhalten. Zudem können die Stimmen nach Art. 51 Abs. 3 Satz 2 GG auch durch Vertreter abgegeben werden. Der Ministerpräsident und die Ministerin durften die Stimmen also auch für die anderen Mitglieder abgeben. Die Wertung von vier Stimmen war rechtmäßig. Es verbleibt daher bei 35 Stimmen und damit der Mehrheit für das Gesetz. Die erforderliche Mehrheit wurde im Bundesrat erreicht.

1.4

Die Befugnisse des Bundespräsidenten werden im Falle seiner Verhinderung oder bei vorzeitiger Erledigung des Amtes durch den Präsidenten des Bundesrates wahrgenommen (Art. 57 GG).

Aufgabe 2

Staatsformen

1. Republik

a) Staatsoberhaupt auf Zeit im Amt,

b) Staatsoberhaupt durch Wahl ins Amt gekommen.

2. Monarchie

a) Staatsoberhaupt grundsätzlich auf unbestimmte Zeit im Amt (auch lebenslang möglich),

b) Staatsoberhaupt durch Erbfolge ins Amt gekommen (oder in wenigen Fällen auch durch Wahl).

Aufgabe 3

3.1

5. Gesetzesinitiative

2. Gesetzgebungsverfahren und Abstimmung im Bundestag

6. Abstimmung über das Gesetz im Bundesrat

4. Ausfertigung durch den Bundespräsidenten

1. Bekanntmachung im Bundesgesetzblatt

3. Inkrafttreten

3.2

Rechtsgrundlage ist Art. 79 Abs. 3 GG. Danach sind unter anderem GG-Änderungen unzulässig, die einen in Art. 20 GG niedergelegten Grundsatz berühren. Möglicherweise verletzt die Änderung des Art. 21 Abs. 1 Satz 2 GG den in Art. 20 Abs. 1 GG niedergelegten Grundsatz der Demokratie. Das Mehrparteienprinzip ist ein Wesensmerkmal der Demokratie. Es sichert den Wahlberechtigten personelle und programmatische Alternativen, also eine Auswahl.

Jede zahlenmäßige Begrenzung der Parteien ist damit unzulässig, denn die vielfältigen Meinungen und Interessen aller Wähler lassen sich nicht auf nur wenige Parteien beschränken. Durch die Begrenzung auf fünf Parteien wird die Auswahl eingeschränkt.

Damit verletzt die Änderung tatsächlich den in Art. 20 GG niedergelegten Grundsatz Demokratie. Die Grundgesetzänderung ist nach Art. 79 Abs. 3 GG unzulässig und daher materiell nicht rechtmäßig.

3.3

Art. 21 Abs. 2 GG: Parteien, die nach ihren Zielen oder nach dem Verhalten ihrer Anhänger darauf ausgehen, die freiheitliche demokratische Grundordnung zu beeinträchtigen oder zu beseitigen oder den Bestand der Bundesrepublik Deutschland zu gefährden, sind verfassungswidrig.

3.4

Art. 21 Abs. 4 GG: Über die Frage der Verfassungswidrigkeit entscheidet das Bundesverfassungsgericht.

3.5

§ 2 Abs. 2 PartG: Eine Vereinigung verliert ihre Rechtsstellung als Partei, wenn sie sechs Jahre lang weder an einer Bundestagswahl noch an einer Landtagswahl mit eigenen Wahlvorschlägen teilgenommen hat. Gleiches gilt, wenn eine Vereinigung sechs Jahre lang entgegen der Pflicht zur öffentlichen Rechenschaftslegung gemäß § 23 PartG keinen Rechenschaftsbericht eingereicht hat.

3.6

Art. 21 Abs. 1 GG: Die Parteien wirken bei der politischen Willensbildung des Volkes mit. Ihre Gründung ist frei. Der Vorschlag ist daher unzulässig.

Aufgabe 4

4.1

Art. 46 Abs. 2 GG (Immunität):

Wegen einer mit Strafe bedrohten Handlung darf ein Abgeordneter nur mit Genehmigung des Bundestages zur Verantwortung gezogen oder verhaftet werden, es sei denn, dass er bei Begehung der Tat oder im Laufe des folgenden Tages festgenommen wird. Vorliegend hat die Abgeordnete einen Diebstahl begangen, bei dem sie auf frischer Tat ertappt wurde. Damit gilt für sie nicht der Vorbehalt des Bundestages bzgl. der Genehmigung für eine Strafverfolgung.

4.2

Art. 46 Abs. 1 Satz 1 GG (Indemnität):

Ein Abgeordneter darf zu keiner Zeit wegen seiner Abstimmung oder wegen einer Äußerung, die er im Bundestag oder in einem seiner Ausschüsse getätigt hat, gerichtlich oder dienstlich verfolgt oder sonst außerhalb des Bundestages zur Verantwortung gezogen werden. <u>Ausnahme</u> Art. 46 Abs. 1 Satz 2 GG: Dies gilt nicht für verleumderische Beleidigungen.

Lösung Klausur 2

Aufgabe 1

1.1

Nach Art. 76 Abs. 1 GG haben die Bundesregierung, die Mitte des Bundestages und der Bundesrat das Recht, Gesetzentwürfe in den Bundestag einzubringen. Zu prüfen ist, ob die Bundesregierung hier gehandelt hat. Die Bundesregierung besteht gem. Art. 62 GG aus dem Bundeskanzler und den Bundesministern. Da hier nur zwei Bundesminister gehandelt haben ohne Beratung und Abstimmung im Kabinett (Art. 65 Satz 3 GG [Kollegialprinzip]), kam der Entwurf nicht von der Bundesregierung. Damit wurde das Gesetzesinitiativrecht nicht ordnungsgemäß ausgeübt.

1.2

Nach Art. 70 Abs. 1 GG haben die Länder grundsätzlich das Recht der Gesetzgebung, soweit nicht das GG dem Bund die Zuständigkeit verleiht. Gem. Art. 70 Abs. 2 GG bemisst sich die Abgrenzung der Zuständigkeit zwischen Bund und Ländern nach den Vorschriften des GG über die ausschließliche und die konkurrierende Gesetzgebung. Gemäß Art. 74 GG erstreckt sich die konkurrierende Gesetzgebung u. a. auf das Gebiet des Straßenverkehrs (Art. 74 Abs. 1 Nr. 22 GG). Gemäß Art. 72 Abs. 1 GG haben im Bereich der konkurrierenden Gesetzgebung die Länder die Befugnis zur Gesetzgebung, solange und soweit der Bund von seiner Gesetzgebungszuständigkeit nicht Gebrauch gemacht hat (Kernkompetenz). Nach Art. 72 Abs. 2 GG hat der Bund auf den Gebieten des Art. 74 Abs. 1 Nr. 22 GG das Gesetzgebungsrecht, wenn und soweit die Herstellung gleichwertiger Lebensverhältnisse im Bundesgebiet oder die Wahrung der Rechts- oder Wirtschaftseinheit im gesamtstaatlichen Interesse eine bundesgesetzliche Regelung erforderlich macht (Bedarfskompetenz). Dies ist bei der Einrichtung eines Tempolimits auf den Autobahnen der Fall *(„...von Flensburg bis München“)*. Dem Sachverhalt ist weiterhin zu entnehmen, dass der Bund von seinem Gesetzgebungsrecht Gebrauch gemacht hat. Die Zuständigkeit des Bundes ist gegeben.

1.3

Gem. Art. 42 Abs. 2 GG ist zu einem Beschluss des Bundestages die Mehrheit der abgegebenen Stimmen erforderlich (einfache Mehrheit), soweit dieses GG nichts anderes bestimmt. Vorliegend wurden zu dem Gesetz insgesamt 400 Stimmen abgegeben. Enthaltungen zählen nicht als abgegebene Stimmen. Für das Gesetz stimmten 220 Stimmen, gegen das Gesetz 158 Stimmen. Eine besondere Mehrheit ist für das Gesetz nicht notwendig. Das Gesetz hat die erforderliche Mehrheit im Bundestag erreicht.

1.4

Art. 52 Abs. 3 Satz 1 GG: Der Bundesrat fasst seine Beschlüsse mit mindestens der Mehrheit seiner Stimmen (qualifizierte Mehrheit).

Aufgabe 2

Teil A

2.1

Art. 38 Abs. 2 GG:

Aktives Wahlrecht: Das Recht, selbst wählen gehen zu dürfen.

Passives Wahlrecht: Das Recht, sich selbst wählen lassen zu können/um für ein Amt zu kandidieren.

Da Frau Müller selbst wählen gehen wollte, nahm sie das aktive Wahlrecht in Anspruch.

2.2

Voraussetzung Art. 38 Abs. 2 1. HS. GG:

- Vollendung 18. Lebensjahr? (lt. SV 84) (+)

Voraussetzungen § 12 Abs. 1 BWahlG:

- Deutsche i. S. d. Art. 116 GG? (lt. SV deutsche Staatsangehörige) (+)
- Nr. 1 18. Lebensjahr vollendet? (s. o.) (+)
- Nr. 2 Aufenthalt in der BRD? (lt. SV ihr ganzes Leben in Berlin) (+)
- Nr. 3 nicht nach § 13 BWahlG vom Wahlrecht ausgeschlossen? (lt. SV nicht) (+)

Die gesetzlichen Voraussetzungen, dass Frau Müller das Wahlrecht in Anspruch nehmen durfte, lagen vor.

2.3

Art. 38 Abs. 1 GG:

- <u>allgemein</u> (alle dürfen wählen, lediglich sachliche Ausnahmen möglich, z. B. Wahlalter)
- <u>unmittelbar</u> (keine Wahl einer Zwischeninstanz wie bspw. die Wahl von „Wahlmännern“ in den USA)

- frei (beinhaltet das Recht, selbst zu entscheiden, ob man überhaupt wählen geht und auch, wen man wählt. Jedweder Druck ist unzulässig.)
- gleich (Verbot der Stimmengewichtung z. B. nach Steuerkraft. Jede Stimme zählt gleich viel.)
- geheim (Aufsuchen der Wahlkabine ist Pflicht, um eine unbeobachtete Stimmabgabe zu ermöglichen. Es darf nicht nachvollziehbar sein, wer was gewählt hat.)

2.4

Hier könnte ein Verstoß gegen den Wahlgrundsatz der geheimen Wahl vorliegen. Dieser besagt u. a., dass die Stimmabgabe in einer Wahlkabine geheim vorgenommen werden muss. Dies soll vor allem verhindern, dass Außenstehende Einblick bekommen, wer gewählt wurde. Es muss verhindert werden, dass nachvollziehbar ist, wer wie abgestimmt hat.

Da Frau Müller ihre Stimme außerhalb des Wahllokals und damit auch ohne Wahlkabine abgeben soll, besteht die Gefahr, dass doch erkennbar und nachvollziehbar wird, wem sie ihre Stimme gegeben hat. Daher liegt ein Verstoß gegen den Grundsatz der geheimen Wahl vor.

Teil B

2.5

Art. 92 GG: Die rechtssprechende Gewalt ist den Richtern anvertraut. Sie wird durch das Bundesverfassungsgericht, durch die im Grundgesetz vorgesehenen Bundesgerichte und durch die Gerichte der Länder ausgeübt.

2.6

Art. 94 Abs. 1 Nr. 4 a) GG.

2.7

Art. 93 Abs. 2 GG: Das Bundesverfassungsgericht besteht aus Bundesrichtern und anderen Mitgliedern. Die Mitglieder des Bundesverfassungsgerichtes werden je zur Hälfte vom Bundestag und vom Bundesrat gewählt. Sie dürfen weder dem Bundestag, dem Bundesrat, der Bundesregierung noch entsprechenden Organen eines Landes angehören.

Aufgabe 3

3.1

Art. 20 Abs. 2 Satz 2 GG: Gewaltenteilung ist die Aufteilung der Staatsgewalt auf die besonderen Organe der vollziehenden, der gesetzgebenden und der rechtssprechenden Gewalt.

3.2

Die Gewaltenteilung bewirkt die gegenseitige Kontrolle und Hemmung der einzelnen Staatsgewalten. Somit wird der Bürger vor der Allmacht des Staates geschützt. Es soll aus der historischen Erfahrung heraus die Ansammlung von Macht auf einer Stelle vermieden werden.

3.3

- Die Bundesregierung (Art. 62 GG), als Teil der vollziehenden Gewalt, besteht aus Mitgliedern des Deutschen Bundestages als Teil der gesetzgebenden Gewalt.
- Die Mitglieder des Bundesverfassungsgerichtes (rechtssprechende Gewalt) werden je zur Hälfte vom Bundestag und vom Bundesrat (beides gesetzgebende Gewalt) gewählt.

3.4

Es könnte ein Verstoß gegen das Gewaltenteilungsprinzip vorliegen. Das Bundesjustizministerium ist Teil der vollziehenden Gewalt. Ihm steht eine Ministerin/ein Minister vor. Die Festlegung von Strafmaßen und der Erlass von Urteilen ist Angelegenheit der rechtssprechenden Gewalt. Die rechtssprechende Gewalt ist den Richtern anvertraut (Art. 92 GG). Mit der Anweisung des Justizministeriums, keine Bewährung zu gewähren, liegt ein Verstoß gegen das Gewaltenteilungsprinzip vor, da die vollziehende Gewalt sich in eine Kernkompetenz der rechtssprechenden Gewalt einmischt.

Lösung Klausur 3

Aufgabe 1

1.1

Gesetzgebungszuständigkeit:

Nach Art. 70 Abs. 1 GG haben die Länder grundsätzlich das Recht der Gesetzgebung, soweit nicht das GG dem Bund die Zuständigkeit verleiht. Gem. Art. 70 Abs. 2 GG bemisst sich die Abgrenzung der Zuständigkeit zwischen Bund und Ländern nach den Vorschriften des GG über die ausschließliche und die konkurrierende Gesetzgebung. Gem. Art. 71 GG könnte der Bund hier die Gesetzgebungszuständigkeit im Rahmen der ausschließlichen Gesetzgebung haben. Im Bereich der ausschließlichen Gesetzgebung des Bundes haben die Länder die Befugnis zur Gesetzgebung nur, wenn und soweit sie hierzu in einem Bundesgesetz ausdrücklich ermächtigt werden. Die Regelungen zum Bundeswahlrecht finden sich in Art. 38 GG. Gem. Art. 38 Abs. 3 GG bestimmt *„das Nähere ein Bundesgesetz"*. Damit liegt eine ausschließliche Gesetzgebungskompetenz des Bundes nach Spezialzuweisung vor. Die Länder werden nicht durch ein Bundesgesetz ausdrücklich ermächtigt.

Gesetzesinitiativrecht:

Gem. Art. 76 Abs. 1 GG können Gesetzesvorlagen beim Bundestag durch die Bundesregierung, aus der Mitte des Bundestages oder durch den Bundesrat eingebracht werden. Vorliegend wurde die Gesetzesvorlage durch die Bundesregierung (Art. 62 GG, Art. 65 Satz 3 GG) laut SV ordnungsgemäß in den Deutschen Bundestag eingebracht. Das Gesetzesinitiativrecht wurde ordnungsgemäß ausgeübt.

Notwendige Mehrheit:

Gem. Art. 42 Abs. 2 GG ist zu einem Beschluss des Bundestages die Mehrheit der abgegebenen Stimmen erforderlich (einfache Mehrheit), soweit dieses GG nichts anderes bestimmt. Vorliegend erhielt das Gesetz 188 Ja-Stimmen und 182 Nein-Stimmen. Enthaltungen zählen nicht in das Ergebnis. Damit erhielt das Gesetz die notwendige Mehrheit. Eine besondere Mehrheit sah das GG hier nicht vor.

Das Gesetz ist im Bundestag formell rechtmäßig zustande gekommen.

1.2

Möglicherweise verletzt die Änderung des BWG den Wahlgrundsatz der gleichen Wahl und verstößt damit gegen Art. 38 Abs. 1 GG und Art. 20 Abs. 1 GG (Demokratieprinzip).

Der Wahlgrundsatz der gleichen Wahl besagt, dass jeder Wähler die gleiche Anzahl von Stimmen hat und die Stimmen zählen gleich viel (Verbot von Stimmengewichtung, zum Beispiel nach Steuern). Da das geänderte BWG vorsieht, dass die Stimmen der vollständig Geimpften doppelt zählen soll, findet hier sehr wohl eine Stimmengewichtung statt. Damit zählen die Stimmen derer, die nicht die neuen Voraussetzungen erfüllen, nur halb so viel. Hierdurch ist der Wahlgrundsatz der gleichen Wahl verletzt. Wenn Wahlgrundsätze verletzt werden, ist ebenso das Staatsziel der Demokratie aus Art. 20 Abs. 1 GG verletzt, da Demokratien sich unter anderem durch freie, gleiche, geheime, unmittelbare und allgemeine Wahlen auszeichnen. Das Gesetz ist materiell nicht rechtmäßig. Die Bedenken des Bundespräsidenten sind berechtigt.

1.3

Gem. Art. 77 Abs. 2 Satz 4 GG können auch der Bundestag und die Bundesregierung die Einberufung des Vermittlungsausschusses verlangen, wenn zu einem Gesetz die Zustimmung des Bundesrates erforderlich ist (Zustimmungsgesetz).

1.4

Gem. Art. 52 Abs. 3 GG fasst der Bundesrat seine Beschlüsse mit mindestens der Mehrheit seiner Stimmen (qualifizierte Mehrheit).

1.5

Gem. Art. 57 GG werden die Befugnisse des Bundespräsidenten u. a. im Falle seiner Verhinderung durch den Präsidenten des Bundesrates wahrgenommen.

Aufgabe 2

2.1

Rechtgrundlagen: Art. 38 Abs. 1 GG, § 1 Abs. 1 BWahlG

- allgemein,
- unmittelbar,
- frei,
- gleich,
- geheim.

2.2

Möglicherweise ist der Grundsatz der freien Wahl verletzt. Danach ist es jedem Wähler freigestellt zu entscheiden, ob er (überhaupt) wählen geht und wen er wählt. Jeder Zwang auf den Wähler, der ihn in seiner Entscheidung beeinflusst, ist unzulässig.

Durch die Androhung eines Bußgeldes bei Nichtteilnahme an der Wahl wird Druck auf den Wähler erzeugt und ausgeübt. Er ist gezwungen wählen zu gehen, um das Bußgeld zu umgehen. Die angedachte Regelung würde gegen den Grundsatz der freien Wahl verstoßen.

Aufgabe 3

3.1

Die Abwahl des Bundesinnenministers durch den Bundestag ist verfassungsrechtlich nicht möglich. Gem. Art. 64 Abs. 1 GG werden die Bundesminister auf Vorschlag des Bundeskanzlers vom Bundespräsidenten ernannt und entlassen.

3.2

Aufzählung beispielhaft:

- Das Recht, auf Vorschlag des Bundespräsidenten den Bundeskanzler zu wählen (Art. 63 Abs. 1 GG)
- Das Recht, die Entlassung des Bundeskanzlers durch die Wahl eines Nachfolgers herbeizuführen (konstruktives Misstrauensvotum, Art. 67 Abs. 1 Satz 2 GG)
- Das Recht, mit den anderen Mitgliedern der Bundesversammlung den Bundespräsidenten zu wählen (Art. 54 Abs. 1 und 3 GG)
- Beschließen von Bundesgesetzen (Art. 77 Abs. 1 GG)

(Weitere Beispiele denkbar und bewertbar)

3.3

- unbeschränkter Gesetzesvorbehalt
- qualifizierter Gesetzesvorbehalt
- verfassungsimmanente Schranken

Lösung Klausur 4

Aufgabe 1

1.1

Nach Art. 76 Abs. 1 GG haben die Bundesregierung, die Mitte des Bundestages und der Bundesrat das Recht, Gesetzentwürfe in den Bundestag einzubringen. Die Bundesregierung besteht gem. Art. 62 GG aus dem Bundeskanzler und den Bundesministern. Da hier nur ein Bundesminister gehandelt hat, kam der Entwurf nicht von der Bundesregierung. Daran ändert auch nichts, dass der Bundeskanzler hierüber beim Essen informiert wurde. Es hätten auch die anderen Bundesminister beteiligt werden müssen. Dazu wäre eine Abstimmung über Art. 65 Satz 3 GG (Kollegialprinzip) notwendig gewesen.

1.2

Gem. Art. 42 Abs. 2 GG ist zu einem Beschluss des Bundestages die Mehrheit der abgegebenen Stimmen erforderlich (einfache Mehrheit), soweit dieses GG nichts anderes bestimmt. Vorliegend soll mit dem vorgelegten Gesetz Art. 54 GG geändert werden. Damit gilt die erforderliche Mehrheit aus Art. 79 Abs. 2 GG. Demnach bedarf das Gesetz der Zustimmung von 2/3 der Mitglieder des Bundestages und 2/3 der Stimmen des Bundesrates. Bei derzeit 630 gesetzlichen Mitgliedern des Deutschen Bundestages (§ 1 Abs. 1 BWG) entsprechen 2/3 = 420 Abgeordneten. Laut SV stimmen insgesamt 412 Mitglieder des Deutschen Bundestages für den Gesetzesentwurf und 130 dagegen. Damit wurde die für das Gesetz notwendige Mehrheit nicht erreicht.

1.3

Art. 70 Abs. 2 GG: Die Abgrenzung der Zuständigkeit zwischen Bund und Ländern bemisst sich nach den Vorschriften des GG über die ausschließliche und die konkurrierende Gesetzgebung.

1.4

Möglicherweise verletzt die Änderung des Art. 54 GG das Staatsziel Republik aus Art. 20 Abs. 1 GG. Eine Republik ist eine Staatsform, die keine Monarchie ist. In einer Republik wird das Staatsoberhaupt für einen begrenzten Zeitraum gewählt und kann auch wieder abgewählt bzw. angeklagt und bei einer Verurteilung seines Amtes für verlustig erklärt werden.

Durch die Änderung des Art. 54 GG, wonach der Bundespräsident künftig auf Lebenszeit ins Amt kommt, verstößt gegen diese Vorgaben. Weitere Argumente zulässig. Ergebnis: Das Gesetz ist materiell nicht rechtmäßig. Die Bedenken des Bundespräsidenten sind berechtigt.

1.5

Art. 82 Abs. 2 GG: Jedes Gesetz und jede Rechtsverordnung soll den Tag des Inkrafttretens bestimmen. Fehlt eine solche Bestimmung, so treten sie mit dem vierzehnten Tage nach Ablauf des Tages in Kraft, an dem das Bundesgesetzblatt ausgegeben worden ist.

1.6

Art. 94 Abs. 1 Satz 2 GG: Die Mitglieder des Bundesverfassungsgerichtes werden je zur Hälfte vom Bundestag und vom Bundesrat gewählt.

Aufgabe 2

2.1

Die Wählbarkeit für den Deutschen Bundestag ergibt sich aus dem Art. 38 Abs. 2 GG und § 15 BWahlG. Art. 38 Abs. 2 GG (Volljährigkeit). Gem. § 15 Abs. 1 Nr. 1 BWahlG muss Frau Eifrig Deutsche sein im Sinne des Art. 116 Abs. 1 GG. Lt. SV besitzt Frau Eifrig die deutsche Staatsangehörigkeit. Nach Abs. 1 Nr. 2 ist wählbar, wer am Wahltag das 18. Lebensjahr vollendet hat. Frau Eifrig ist 1950 geboren und hat damit das 18. Lebensjahr bereits vollendet. Ausschlussgründe nach § 15 Abs. 2 liegen nicht vor. Frau Eifrig kann in den Bundestag gewählt werden.

2.2

Gem. Art. 38 Abs. 1 Satz 2 GG sind Bundestagsabgeordnete Vertreter des ganzen Volkes und nicht an Aufträge und Weisungen gebunden. Sie sind nur ihrem Gewissen unterworfen. Die Abgeordneten des Bundestages besitzen ein freies Mandat. Druckausübung und Fraktionszwang sind unzulässig.

2.3

Gesetzesinitiativrecht: Nach Art. 76 Abs. 1 GG haben die Bundesregierung, die Mitte des Bundestages und der Bundesrat das Gesetzesinitiativrecht. Frau Eifrig würde als Mitglied des Bundestages Beschlussvorlagen einbringen können, wenn sie zur *„Mitte des Bundestages"* gehören würde. § 76 Abs. 1 GO-BT besagt, dass Vorlagen von Fraktionen oder von 5 von Hundert der Mitglieder des Bundestages unterzeichnet sein müssen. Das bedeutet, dass Frau Eifrig über ihre Fraktion oder fraktionsübergreifend 5 % der Mitglieder des Bundestages für die Unterzeichnung des Entwurfs gewinnen muss.

Aufgabe 3

Artikel	Zutreffendes Staatsziel
a) Art. 38 Abs. 1 GG	Demokratie
b) Art. 19 Abs. 4 GG	Rechtsstaat
c) Art. 54 Abs. 2 GG	Republik
d) Art. 6 Abs. 1 GG	Sozialstaat
e) Art. 31 GG	Bundesstaat

Lösung Klausur 5

Aufgabe 1

1.1

Nach Art. 76 Abs. 1 GG haben die Bundesregierung, die Mitte des Bundestages und der Bundesrat das Recht, Gesetzesvorlagen in den Deutschen Bundestag einzubringen.

1.2

Der Bundesrat umfasst grundsätzlich 69 Stimmen. An der Sitzung nehmen die Vertreter Thüringens nicht teil. Daher ist zu prüfen, wie viele Stimmen Thüringen im Bundesrat hat. Da Thüringen mit 2.155.137 Einwohnern mehr als zwei Millionen, aber weniger als sechs Millionen Einwohner hat, hat es gem. Art. 51 Abs. 2 GG vier Stimmen im Bundesrat. Nach Art. 51 Abs. 3 Satz 1 GG kann jedes Land so viele Mitglieder entsenden, wie es Stimmen hat. Daher nahmen an der Sitzung am 28.02.2024 65 Mitglieder teil.

1.3

Der Bundesrat fasst seine Beschlüsse mit mindestens der Mehrheit seiner Mitglieder (Art. 52 Abs. 3 GG). Ausgehend von 69 Stimmen wären hier mindestens 35 Stimmen für die Mehrheit erforderlich gewesen. Laut Sachverhalt lauten 44 Stimmen für den Entwurf. Damit ist die erforderliche Mehrheit erreicht worden.

1.4

Eine Änderung der Gliederung des Bundes in Länder ist nicht zulässig. Das Bundesstaatsprinzip aus Art. 20 Abs. 1 GG sieht vor, dass die BRD einen föderalen Staatsaufbau mit mindestens zwei Gliedstaaten hat (Verfassungsprinzip). Dieses Prinzip wird insbesondere durch Art. 79 Abs. 3 GG besonders geschützt *(„Ewigkeitsgarantie“)*. Daneben schützt Art. 79 Abs. 3 GG wörtlich die Gliederung des Bundes in Länder, wonach eine Grundgesetzänderung hierzu ebenso unzulässig wäre.

Aufgabe 2

2.1

Gesetzgebungszuständigkeit:

Nach Art. 70 Abs. 1 GG haben die Länder grundsätzlich das Recht der Gesetzgebung, soweit nicht das GG dem Bund die Zuständigkeit verleiht.

Gem. Art. 70 Abs. 2 GG bemisst sich die Abgrenzung der Zuständigkeit zwischen Bund und Ländern nach den Vorschriften des GG über die ausschließliche und die konkurrierende Gesetzgebung. Gem. Art. 71 GG könnte der Bund hier die Gesetzgebungszuständigkeit im Rahmen der ausschließlichen Gesetzgebung haben. Im Bereich der ausschließlichen Gesetzgebung des Bundes haben die Länder die Befugnis zur Gesetzgebung nur, wenn und soweit sie hierzu in einem Bundesgesetz ausdrücklich ermächtigt werden. Die Regelungen zum Sitz der Bundeshauptstadt finden sich in Art. 22 Abs. 1 Satz 1 GG. Eine Grundgesetzänderung ist notwendig. Der Bund hat hier gem. Art. 79 Abs. 1 GG die Gesetzgebungsbefugnis. Die Länder werden nicht durch ein Bundesgesetz ausdrücklich ermächtigt.

Gesetzesinitiativrecht:

Gem. Art. 76 Abs. 1 GG können Gesetzesvorlagen beim Bundestag durch die Bundesregierung, aus der Mitte des Bundestages oder durch den Bundesrat eingebracht werden. Vorliegend wurde die Gesetzesvorlage durch die Bundesregierung als Kollegialorgan eingebracht (Art. 62 GG, Art. 65 Satz 3 GG) und der Bundesrat beteiligt. Das Gesetzesinitiativrecht wurde durch die Bundesregierung ordnungsgemäß ausgeübt.

Verfahren im Bundestag:

Laut SV wurde das Verfahren im Bundestag ordnungsgemäß durchgeführt.

Erforderliche Mehrheit:

Zu prüfen ist, ob das Gesetz zur Änderung des GG die erforderliche Mehrheit erreicht hat. Rechtsgrundlagen sind Art. 42 Abs. 2 GG i. V. m. Art. 79 Abs. 2 GG. Es bedarf der Zustimmung von 2/3 der Mitglieder des Bundestages.

Das GG sieht hier eine besondere Mehrheit vor. Nach § 1 Abs. 1 BWG besteht der Bundestag aus 630 Abgeordneten. 2/3 hiervon sind 420 Abgeordnete. Hier haben 488 zugestimmt, sodass die 2/3-Mehrheit im Bundestag erreicht wurde. Das Gesetz hat die notwendige Mehrheit erreicht.

2.2

Bundesregierung und Bundestag sind gem. Art. 77 Abs. 2 Satz 4 GG berechtigt, den Vermittlungsausschuss anzurufen, wenn zu einem Gesetz die Zustimmung des Bundesrates erforderlich ist.

Lösung Klausur 6

Aufgabe 1

1.1

Gesetzesvorlagen werden beim Bundestag durch die Bundesregierung, aus der Mitte des Bundestages oder durch den Bundesrat eingebracht (Art. 76 Abs. 1 GG).

1.2

Nach Art. 52 Abs. 3 GG fasst der Bundesrat seine Beschlüsse mit mindestens der Mehrheit seiner gesetzlichen Stimmen (absolute/qualifizierte Mehrheit). Dabei ist von allen 69 Stimmen auszugehen laut Sachverhalt (vgl. auch Art. 51 Abs. 2 GG). Es ist unerheblich, aus welchen Gründen das Land Brandenburg nicht an der Sitzung teilnehmen konnte. Die benötigte Mehrheit beträgt 35 Stimmen, die laut SV (zunächst) auch erfüllt ist. Fraglich ist aber, wie viele Stimmen der Ministerpräsident abgegeben hat. Sachsen-Anhalt hat laut SV vier Stimmen im Bundesrat. Nach Art. 51 Abs. 3 Satz 1 GG kann ein Land so viele Mitglieder entsenden, wie es Stimmen hat. Sachsen-Anhalt kann also vier Mitglieder entsenden. Zudem können die Stimmen nach Art. 51 Abs. 3 Satz 2 GG auch durch Vertreter abgegeben werden. Der Ministerpräsident durfte die Stimmen also auch für die anderen Mitglieder abgeben. Die Wertung von vier Stimmen war also rechtmäßig. Es verbleibt daher bei 35 Stimmen und damit der Mehrheit für das Gesetz. Die erforderliche Mehrheit wurde im Bundesrat erreicht.

1.3

Die Länder haben das Recht der Gesetzgebung, soweit das GG nicht dem Bund Gesetzgebungsbefugnisse verleiht (Art. 70 Abs. 1 GG). Die Abgrenzung der Zuständigkeit zwischen Bund und Ländern bemisst sich nach den Vorschriften dieses Grundgesetzes über die ausschließliche und die konkurrierende Gesetzgebung (Art. 70 Abs. 2 GG). Laut Bearbeitungshinweis ist das beabsichtigte Gesetzesvorhaben dem Bereich *„die Erzeugung und Nutzung der Kernenergie zu friedlichen Zwecken (...)“* zuzuordnen. Damit fällt es unter den Regelungstatbestand der ausschließlichen Gesetzgebung des Bundes nach Art. 73 Abs. 1 Nr. 14 GG.

Im Bereich der ausschließlichen Gesetzgebung des Bundes haben die Länder die Befugnis zur Gesetzgebung nur, wenn und soweit sie hierzu in einem Bundesgesetz ausdrücklich ermächtigt werden (Art. 71 GG). Gem. den Bearbeitungshinweisen sind die Länder in einem Bundesgesetz nicht ausdrücklich ermächtigt für das Gesetzgebungsvorhaben. Daher besaß der Bund die Gesetzgebungskompetenz für die Änderung des Atomgesetzes.

1.4

Nach Art. 42 Abs. 2 GG ist die Mehrheit der abgegebenen Stimmen für den Gesetzesbeschluss erforderlich, soweit das GG nichts anderes bestimmt. Für die Änderung des Atomgesetzes bestimmt das GG keine andere Mehrheit. Es gilt also die Mehrheit der abgegebenen Stimmen (relative/einfache Mehrheit).

Hierbei werden die Enthaltungen nicht berücksichtigt. Mit 110 Ja-/289 Nein-Stimmen liegt die Mehrheit der abgegebenen Stimmen für das Gesetz nicht vor. Die erforderliche Mehrheit wurde im Bundestag nicht erreicht.

Unabhängig vom Sachverhalt:

1.5

Der Bundesrat wählt seinen Präsidenten auf ein Jahr (Art. 52 Abs. 1 GG).

1.6

Nein. Der Bundesrat besteht aus Mitgliedern der Regierungen der Länder, die sie bestellen und abberufen. Sie können durch andere Mitglieder ihrer Regierungen vertreten werden (Art. 51 Abs. 1 GG). Da die Opposition nicht Teil der Regierung ist, hat sie keine Möglichkeiten, Mitglied im Bundesrat zu werden und die Entscheidungen des Freistaates dort zu beeinflussen.

Aufgabe 2

2.1

Nach Art. 42 Abs. 2 GG ist die Mehrheit der abgegebenen Stimmen für den Gesetzesbeschluss erforderlich, soweit das GG nichts anderes bestimmt. Zu prüfen ist hier zunächst der Vorbehalt, ob das GG etwas anderes bestimmt. Gem. Art. 79 Abs. 1 GG kann das GG nur durch ein Gesetz geändert werden. Dieses wiederum bedarf gem. Art. 79 Abs. 2 GG der Zustimmung von 2/3 der Mitglieder des Bundestages. Vorliegend soll Art. 38 Abs. 2 GG geändert werden. Das entsprechende Gesetz wurde auch in den Bundestag eingebracht. Demnach greift der Vorbehalt des Art. 42 Abs. 2 2. HS GG und es ist etwas anderes als die Mehrheit der abgegebenen Stimmen bestimmt. Zu prüfen ist nun, ob dem Gesetz 2/3 der Mitglieder des Bundestages zugestimmt haben. Derzeit hat der Bundestag 630 gesetzliche Mitglieder (Art. 121 GG, § 1 Abs. 1 BWahlG), 2/3 hiervon ergeben 420 Stimmen. Laut Sachverhalt stimmten 450 für das Gesetz. Damit wurde die notwendige Mehrheit für das Gesetz im Bundestag erreicht.

Aufgabe 3

3.1

Voraussetzung Art. 54 Abs. 1 Satz 2 GG:

- Deutscher? (lt. SV) (+)
- Vollendung 40. Lebensjahr? (lt. SV) (+)
- Wahlrecht zum Bundestag? Lt. Bearbeitungshinweis = aktives Wahlrecht: (+)

Voraussetzung Art. 38 Abs. 2 1. HS GG

- Vollendung 18. Lebensjahr? (lt. SV 42) (+)

Voraussetzungen § 12 Abs. 1 BWahlG:

- Deutscher i. S. d. Art. 116 GG? (s. o.) (+)
- Nr. 1 18. Lebensjahr vollendet? (s. o.) (+)
- Nr. 2 Aufenthalt in der BRD? (lt. SV schon immer in Werder) (+)
- Nr. 3 nicht nach § 13 BWahlG vom Wahlrecht ausgeschlossen? (lt. SV nicht) (+)

Die gesetzlichen Voraussetzungen für die Wählbarkeit zum Bundespräsidenten nach dem Grundgesetz lagen vor.

Unabhängig vom Sachverhalt:

3.2

Art. 54 Abs. 2 GG:

Die Amtszeit des Bundespräsidenten dauert fünf Jahre.

3.3

Art. 57 GG:

Die Befugnisse des Bundespräsidenten werden im Falle seiner Verhinderung oder bei vorzeitiger Erledigung des Amtes durch den Präsidenten des Bundesrates wahrgenommen.

3.4

Art. 58 GG:

Anordnungen und Verfügungen des Bundespräsidenten bedürfen zu ihrer Gültigkeit der Gegenzeichnung durch den Bundeskanzler oder durch den zuständigen Bundesminister.

Lösung Klausur 7

Aufgabe 1

Nach Art. 70 Abs. 1 GG haben die Länder grundsätzlich das Recht der Gesetzgebung, soweit nicht das GG dem Bund die Zuständigkeit verleiht. Gem. Art. 70 Abs. 2 GG bemisst sich die Abgrenzung der Zuständigkeit zwischen Bund und Ländern nach den Vorschriften des GG über die ausschließliche und die konkurrierende Gesetzgebung. Gemäß Art. 74 GG erstreckt sich die konkurrierende Gesetzgebung u. a. auf das Gebiet *„das Recht der Wirtschaft (Bergbau, Industrie, Energiewirtschaft"* (vgl. Bearbeitungshinweis) gem. Art. 74 Abs. 1 Nr. 11 GG. Das FrackG ist hier einzuordnen. Gemäß Art. 72 Abs. 1 GG haben im Bereich der konkurrierenden Gesetzgebung die Länder die Befugnis zur Gesetzgebung, solange und soweit der Bund von seiner Gesetzgebungszuständigkeit nicht Gebrauch gemacht hat. Dem Sachverhalt ist zu entnehmen, dass der Bund von seinem Gesetzgebungsrecht Gebrauch gemacht hat. Nach Art. 72 Abs. 2 GG hat der Bund auf den Gebieten des Art. 74 Abs. 1 Nr. 11 GG das Gesetzgebungsrecht, wenn und soweit die Herstellung gleichwertiger Lebensverhältnisse im Bundesgebiet oder die Wahrung der Rechts- oder Wirtschaftseinheit im gesamtstaatlichen Interesse eine bundesgesetzliche Regelung erforderlich macht (Bedarfskompetenz). Dies ist beim FrackG der Fall. Laut Sachverhalt ist es den Initiatoren des Gesetzes dabei auch wichtig, dass hier verbindliche und gleichlautende Regeln aufgestellt werden sollen, die im gesamten Bundesgebiet eine gleichmäßige Rechtsanwendung gewährleisten. Egal ob in Mecklenburg-Vorpommern oder in Hessen, es sollen die gleichen Voraussetzungen gelten. Die Zuständigkeit des Bundes ist gegeben.

Aufgabe 2

Sie definiert, was nach der modernen Staatsrechtslehre erforderlich ist, um von einem Staat sprechen zu können. Ein Staat ist eine politische Einheit von Menschen (Staatsvolk), die in einem bestimmten Gebiet (Staatsgebiet) unter einer obersten Herrschaft (Staatsgewalt) leben („Drei-Elementen-Lehre").

<u>Staatsgebiet:</u> abgegrenzter Teil der Erdoberfläche, auf den sich die Staatsgewalt bezieht und der diese begrenzt.

<u>Staatsvolk:</u> alle Personen, die durch die rechtliche Klammer der Staatsangehörigkeit dauerhaft mit dem Staat verbunden sind.

<u>Staatsgewalt:</u> alleinige, umfassende und prinzipiell unbegrenzte Herrschaftsmacht des Staates, aus eigener Autorität heraus verbindliche Regeln aufzustellen und diese durchzusetzen, ohne dazu besonders ermächtigt zu werden.

Aufgabe 3

Art. 82 Abs. 2 GG: Jedes Gesetz und jede Rechtsverordnung soll den Tag des Inkrafttretens bestimmen. Fehlt eine solche Bestimmung, so treten sie mit dem vierzehnten Tage nach Ablauf des Tages in Kraft, an dem das Bundesgesetzblatt ausgegeben worden ist.

Aufgabe 4

Art. 21 Abs. 2 GG: Parteien, die nach ihren Zielen oder nach dem Verhalten ihrer Anhänger darauf ausgehen, die freiheitliche demokratische Grundordnung zu beeinträchtigen oder zu beseitigen oder den Bestand der Bundesrepublik Deutschland zu gefährden, sind verfassungswidrig.

Aufgabe 5

Art. 21 Abs. 4 GG: Über die Frage der Verfassungswidrigkeit nach Abs. 2 sowie über den Ausschluss von staatlicher Finanzierung nach Abs. 3 entscheidet das Bundesverfassungsgericht.

Aufgabe 6

Art. 20 Abs. 1 GG: Bundesstaat, Rechtsstaat, Republik, Demokratie und Sozialstaat.
Art. 20a GG: Schutz der natürlichen Lebensgrundlagen und der Tiere.

Aufgabe 7

- Art. 54 Abs. 1 GG: Der Bundespräsident wird ohne Aussprache von der Bundesversammlung gewählt.
- Art. 54 Abs. 3 GG: Die Bundesversammlung besteht aus den Mitgliedern des Bundestages und einer gleichen Anzahl von Mitgliedern, die von den Volksvertretungen der Länder nach den Grund-sätzen der Verhältniswahl gewählt werden.

Aufgabe 8

8.1

Nach Art. 76 Abs. 1 GG haben die Bundesregierung, die Mitte des Bundestages und der Bundesrat das Recht, Gesetzentwürfe in den Bundestag einzubringen. Zu prüfen ist, ob die Bundesregierung hier gehandelt hat. Die Bundesregierung besteht gem. Art. 62 GG aus Bundeskanzler und den Bundesministern.

Da hier nur zwei Bundesminister gehandelt haben ohne Beratung und Abstimmung im Kabinett (Art. 65 Satz 3 GG [Kollegialprinzip]), kam der Entwurf nicht von der Bundesregierung. Damit wurde das Gesetzesinitiativrecht nicht ordnungsgemäß ausgeübt.

8.2

§ 76 Abs. 1 GO-BT: Vorlagen von Mitgliedern des Bundestages (§ 75 GO-BT) müssen von einer Fraktion oder von fünf vom Hundert der Mitglieder des Bundestages (§ 1 Abs. 1 BWG) unterzeichnet sein.

8.3

Art. 42 Abs. 2 GG: Zu einem Beschluss des Bundestages ist die Mehrheit der abgegebenen Stimmen erforderlich, soweit dieses Grundgesetz nichts anderes bestimmt. Eine besondere Mehrheit ist für das Heizungsgesetz nicht erkennbar (vgl. Bearbeitungshinweis), deswegen gilt die Mehrheit der abgegebenen Stimmen. Insgesamt wurden von den 465 Stimmen 319 Ja-Stimmen, 134 Nein-Stimmen und 12 Enthaltungen abgegeben. Enthaltungen werden beim Ergebnis nicht berücksichtigt. Es wurde die Mehrheit für das Gesetz abgegeben. Die erforderliche Mehrheit wurde erreicht.

8.4

Nach Art. 52 Abs. 3 GG fasst der Bundesrat seine Beschlüsse mit mindestens der Mehrheit seiner gesetzlichen Stimmen (absolute/qualifizierte Mehrheit).

Dabei ist von 69 Stimmen auszugehen laut Sachverhalt (vgl. auch Art. 51 Abs. 2 GG). Für einen Beschluss des Bundesrates sind also mindestens 35 Stimmen erforderlich. Laut Sachverhalt erhält das Gesetz 49 Stimmen im Bundesrat und damit ist grundlegend die erforderliche Mehrheit erreicht. Zu prüfen ist, wie sich das Abstimmungsverhalten NRW hier auswirkte. Nach Art. 51 Abs. 3 Satz 1 GG kann ein Land so viele Mitglieder entsenden, wie es Stimmen hat. Laut Sachverhalt hat das Land NRW mehr als 8 Millionen Einwohner und damit gem. Art. 51 Abs. 2 GG sechs Stimmen im Bundesrat. Diese Stimmen müssen gem. Art. 51 Abs. 3 GG einheitlich abgegeben werden. Ansonsten werden sie ungültig und zählen nicht in das Ergebnis. Laut SV stimmen zwei Vertreter gegen das Gesetz und der Rest (4 von 6 siehe oben) dafür. Die Stimmabgabe erfolgte daher nicht einheitlich und die Stimmen sind vom Endergebnis abzuziehen. Dafür: 49 – 4 = 45. Dagegen: 14 – 2 = 12. Die erforderliche Mehrheit für das Gesetz wurde trotzdem erreicht.

8.5

Die Abgeordneten sind Vertreter des ganzen Volkes. An Aufträge oder Weisungen sind sie nicht gebunden und nur ihrem Gewissen verantwortlich (Art. 38 Abs. 1 Satz 2 GG, unabhängiges oder freies Mandat). Ein Abgeordneter kann nicht zu einer bestimmten Mandatsausübung zum Beispiel zu einem bestimmten Abstimmungsverhalten gezwungen werden *(„Fraktionszwang“)*.

Eine freiwillige Festlegung auf ein bestimmtes Abstimmungsverhalten *(„Fraktionsdisziplin“)* ist jedoch zulässig. Sie durften stimmen, wie sie es für richtig hielten.

Aufgabe 9

9.1

Art. 38 Abs. 1 GG: allgemein, unmittelbar, frei, gleich und geheim

9.2

Ja, der Vorschlag würde gegen den Grundsatz der freien Wahl verstoßen. Weder von privater noch von öffentlicher Seite darf Druck hinsichtlich einer bestimmten Stimmabgabe ausgeübt werden inkl. des Rechts der *„Nichtwahl“* (z. B. keine Bußgelder bei Nichtwahl).

Lösung Klausur 8

Aufgabe 1

1.1

Gesetzgebungszuständigkeit:

Nach Art. 70 Abs. 1 GG haben die Länder grundsätzlich das Recht der Gesetzgebung, soweit nicht das GG dem Bund die Zuständigkeit verleiht. Gem. Art. 70 Abs. 2 GG bemisst sich die Abgrenzung der Zuständigkeit zwischen Bund und Ländern nach den Vorschriften des GG über die ausschließliche und die konkurrierende Gesetzgebung. Gemäß Art. 74 Nr. 19 GG erstreckt sich die konkurrierende Gesetzgebung u. a. auf das Gebiet *„... (...) Recht der Arzneien, der Medizinprodukte, der Heilmittel, der Betäubungsmittel und der Gifte“*. (vgl. Bearbeitungshinweis). Das Cannabisgesetz ist hier einzuordnen. Gemäß Art. 72 Abs. 1 GG haben im Bereich der konkurrierenden Gesetzgebung die Länder die Befugnis zur Gesetzgebung, solange und soweit der Bund von seiner Gesetzgebungszuständigkeit nicht Gebrauch gemacht hat. Dem Sachverhalt ist zu entnehmen, dass der Bund von seinem Gesetzgebungsrecht Gebrauch gemacht hat. Art. 72 Abs. 2 GG (Bedarfskompetenz) ist nicht einschlägig. Die Zuständigkeit des Bundes ist gegeben.

Gesetzesinitiativrecht:

Gem. Art. 76 Abs. 1 GG können Gesetzesvorlagen beim Bundestag durch die Bundesregierung, aus der Mitte des Bundestages oder durch den Bundesrat eingebracht werden. Vorliegend wurde die Gesetzesvorlage durch die Bundesregierung als Kollegialorgan eingebracht (Art. 62 GG, Art. 65 Satz 3 GG) und der Bundesrat beteiligt (vgl. Bearbeitungshinweis). Das Gesetzesinitiativrecht wurde durch die Bundesregierung ordnungsgemäß ausgeübt.

Mehrheit im Bundestag:

Art. 42 Abs. 2 GG: Zu einem Beschluss des Bundestages ist die Mehrheit der abgegebenen Stimmen erforderlich, soweit dieses GG nichts anderes bestimmt. Eine besondere Mehrheit ist für das Cannabisgesetz nicht erkennbar, deswegen gilt die Mehrheit der abgegebenen Stimmen.

Insgesamt wurden von den 425 Stimmen 319 Ja-Stimmen, 106 Nein-Stimmen und 0 Enthaltungen abgegeben.

Es wurde die Mehrheit für das Gesetz abgegeben. Die erforderliche Mehrheit wurde erreicht.

1.2

Zu prüfende Rechtsgrundlage ist Art. 77 Abs. 2 Satz 4 GG.

TBM:

- Gesetz? Cannabisgesetz (+)
- Zustimmungsgesetz? (Art. 74 Abs. 1 Nr. 19 i. V. m. Art. 74 Abs. 2 GG) (–)

Bundesregierung und Bundestag könnten die Einberufung des VMA nicht verlangen.

1.3

Gem. Art. 52 Abs. 3 GG fasst der Bundesrat seine Beschlüsse mit der Mehrheit seiner Stimmen (qualifizierte Mehrheit). Derzeit hat der Bundesrat laut Bearbeitungshinweisen 69 gesetzliche Mitglieder (Stimmen). Die Mehrheit dieser Stimmen entspricht also (mindestens) 35 Stimmen.

Zu a)

Lt. SV wurden 34 Stimmen für den Antrag, den VMA anzurufen abgegeben und damit weniger als 35. Die erforderliche Mehrheit ist nicht zustande gekommen.

Zu b)

Lt. SV wurden 35 Stimmen für das Cannabisgesetz abgegeben und damit ist die erforderliche Mehrheit zustande gekommen.

1.4

Nein. Gem. Art. 64 Abs. 1 GG werden die Bundesminister auf Vorschlag des Bundeskanzlers vom Bundespräsidenten ernannt und entlassen.

Ein Beschluss des Bundestages entfaltet daher bzgl. der Entlassung eines Ministers keine Wirkung. Er hat höchstens einen deklaratorischen Charakter.

1.5

Die Abgeordneten sind Vertreter des ganzen Volkes. An Aufträge oder Weisungen sind sie nicht gebunden und nur ihrem Gewissen verantwortlich (Art. 38 Abs. 1 Satz 2 GG, unabhängiges oder freies Mandat). Ein Abgeordneter kann nicht zu einer bestimmten Mandatsausübung zum Beispiel zu einem bestimmten Abstimmungsverhalten gezwungen werden („Fraktionszwang“). Eine freiwillige Festlegung auf ein bestimmtes Abstimmungsverhalten („Fraktionsdisziplin“) ist jedoch zulässig. Sie durften stimmen, wie sie es für richtig hielten.

1.6

Nein. Der Bundesrat besteht aus Mitgliedern der Regierungen der Länder, die sie bestellen und abberufen. Sie können durch andere Mitglieder ihrer Regierungen vertreten werden (Art. 51 Abs. 1 GG). Da der Hausmeister lt. Bearbeitungshinweisen weder ein Mitglied des Sächsischen Landtages oder der sächsischen Landesregierung ist, hat er keine Möglichkeiten, Mitglied im Bundesrat zu werden und die Entscheidungen des Freistaates dort zu beeinflussen.

1.7

Art. 82 Abs. 2 GG: Jedes Gesetz und jede Rechtsverordnung soll den Tag des Inkrafttretens bestimmen. Fehlt eine solche Bestimmung, so treten sie mit dem vierzehnten Tage nach Ablauf des Tages in Kraft, an dem das Bundesgesetzblatt ausgegeben worden ist.

1.8

Die nach den Vorschriften des GG zustande gekommenen Gesetze werden vom Bundespräsidenten nach Gegenzeichnung ausgefertigt und im Bundesgesetzblatt verkündet (Art. 82 Abs. 1 GG).

Die Befugnisse des Bundespräsidenten werden im Falle seiner Verhinderung oder bei vorzeitiger Erledigung des Amtes durch den Präsidenten des Bundesrates wahrgenommen (Art. 57 GG). Die Präsidentschaft wird jeweils durch eine Ministerpräsidentin oder einen Ministerpräsidenten wahrgenommen.

Lösung Klausur 9

Aufgabe 1

1.1

Gesetzgebungszuständigkeit:

Nach Art. 70 Abs. 1 GG haben die Länder grundsätzlich das Recht der Gesetzgebung, soweit nicht das GG dem Bund die Zuständigkeit verleiht. Gem. Art. 70 Abs. 2 GG bemisst sich die Abgrenzung der Zuständigkeit zwischen Bund und Ländern nach den Vorschriften des GG über die ausschließliche und die konkurrierende Gesetzgebung. Gemäß Art. 73 Abs. 1 Nr. 1 GG erstreckt sich die ausschließliche Gesetzgebung des Bundes u. a. auf das Gebiet *„... (...) Verteidigung"*. (vgl. auch Bearbeitungshinweis). Das WehrdModG ist hier einzuordnen. Gemäß Art. 71 GG haben im Bereich der ausschließlichen Gesetzgebung des Bundes die Länder die Befugnis zur Gesetzgebung nur, wenn und soweit sie hierzu ausdrücklich ermächtigt sind. Dies sind sie lt. Bearbeitungshinweis nicht. Die Gesetzgebungszuständigkeit des Bundes ist gegeben.

Gesetzesinitiativrecht:

Gem. Art. 76 Abs. 1 GG können Gesetzesvorlagen beim Bundestag durch die Bundesregierung, aus der Mitte des Bundestages oder durch den Bundesrat eingebracht werden. Vorliegend wurde die Gesetzesvorlage lt. SV durch die Bundesregierung als Kollegialorgan eingebracht (Art. 62 GG, Art. 65 Satz 3 GG) und der Bundesrat gem. Art. 76 Abs. 2 GG ordnungsgemäß beteiligt (vgl. Bearbeitungshinweis). Das Gesetzesinitiativrecht wurde durch die Bundesregierung ordnungsgemäß ausgeübt.

Beschlussfähigkeit des Bundestages:

Die Regelungen zur Beschlussfähigkeit des Bundestages finden sich in § 45 der GO-BT. Gem. § 45 Abs. 1 GO-BT ist der Bundestag beschlussfähig, wenn mehr als die Hälfte seiner Mitglieder im Sitzungssaal anwesend ist. Der Deutsche Bundestag besteht aus 630 Abgeordneten gem. § 1 Abs. 1 BWG.

Mehr als die Hälfte wären 316 Abgeordnete. Lt. SV sind 425 Abgeordnete im Sitzungssaal anwesend. Damit ist der Deutsche Bundestag beschlussfähig.

Notwendige Mehrheit im Bundestag:

Zu prüfen ist Art. 42 Abs. 2 GG: Zu einem Beschlusse des Bundestages ist die Mehrheit der abgegebenen Stimmen erforderlich, soweit dieses GG nichts anderes bestimmt.

Eine besondere Mehrheit ist für das WehrdModG nicht erkennbar, deswegen gilt die Mehrheit der abgegebenen Stimmen. Insgesamt wurden von den 425 Stimmen 319 Ja-Stimmen, 106 Nein-Stimmen und 0 Enthaltungen abgegeben. Es wurde die Mehrheit für das Gesetz abgegeben. Die notwendige Mehrheit wurde erreicht.

1.2

Art. 77 Abs. 2 Satz 1 GG: Der Vermittlungsausschuss ist ein aus Mitgliedern des Bundestages und des Bundesrates für die gemeinsame Beratung von Vorlagen gebildeter Ausschuss.

1.3

Gem. Art. 52 Abs. 3 GG fasst der Bundesrat seine Beschlüsse mit der Mehrheit seiner Stimmen (qualifizierte Mehrheit). Derzeit hat der Bundesrat laut Bearbeitungshinweis 69 gesetzliche Mitglieder (Stimmen). Die Mehrheit dieser Stimmen entspricht also (mindestens) 35 Stimmen.

1.4

Art. 58 Satz 1 GG: Anordnungen und Verfügungen des Bundespräsidenten bedürfen zu ihrer Gültigkeit der Gegenzeichnung durch den Bundeskanzler oder durch den zuständigen Bundesminister.

1.5

Gem. Art. 46 Abs. 1 GG darf ein Abgeordneter zu keiner Zeit wegen seiner Abstimmung oder wegen einer Äußerung, die er im Bundestag oder in einem seiner Ausschüsse getan hat, gerichtlich oder dienstlich verfolgt oder sonst außerhalb des Bundestages zur Verantwortung gezogen werden. Dies gilt nicht für verleumderische Beleidigungen. Herr Merz ist Abgeordneter des Bundestages.

Er tätigte die Äußerung während einer Sitzung des Bundestages und es handelt sich gem. Bearbeitungshinweis bei der Aussage nicht um eine verleumderische Beleidigung. Er genießt Indemnität und darf deswegen strafrechtlich nicht zur Verantwortung gezogen werden.

Aufgabe 2

2.1

Zu prüfende Grundlagen sind § 76 Abs. 1 i. V. m. § 75 Abs. 1 d) GO-BT. Bei der Vorlage der Gruppe von Abgeordneten handelt es sich nicht um ein Gesetz, sondern um einen Antrag (auf Einleitung eines Parteiverbotsverfahrens vor dem BVerfG).

Vorlagen von Mitgliedern des Bundestages (§ 75 GO-BT) müssen von einer Fraktion oder von fünf vom Hundert der Mitglieder des Bundestages unterzeichnet sein. Lt. SV handelt keine Fraktion, sondern eine fraktions- und parteiübergreifende Gruppe von 30 Abgeordneten. Fraglich ist, ob die Voraussetzung 5 v. H. erfüllt wurde. Der Deutsche Bundestag besteht aus 630 Abgeordneten gem. § 1 Abs. 1 BWG. 5 v. H. entsprechen mindestens 31,5 → 32 Abgeordneten. Mit nur 30 Abgeordneten, die den Antrag unterzeichnet haben, sind die Voraussetzungen des § 76 Abs. 1 GO-BT nicht erfüllt. Die notwendige Mehrheit für die Vorlage des Antrages ist nicht zustande gekommen.

Aufgabe 3

3.1

Zu prüfen ist Art. 68 Abs. 1 GG. Lt. SV verbindet der Bundeskanzler die Vertrauensfrage mit der Abstimmung über das RentRefG. Aus dem GG selbst ist nicht erkennbar, dass für das RentRefG eine besondere Mehrheit notwendig ist (Art. 42 Abs. 2 GG).

Da die Abstimmung über das Gesetz jedoch mit der Vertrauensfrage verbunden wurde, gilt hier gem. Art. 68 Abs. 1 GG die Mehrheit der Mitglieder des Bundestages. Der Deutsche Bundestag besteht aus 630 Abgeordneten (gesetzliche Mitglieder) gem. § 1 Abs. 1 BWG. Die Mehrheit der Mitglieder meint die Mehrheit der gesetzlichen Mitglieder (Art. 121 GG).

Hierfür wäre also eine Mehrheit von mindestens 316 Stimmen notwendig. Laut SV stimmen jedoch nur 312 Abgeordnete für das RentRefG, sodass die notwendige Mehrheit für das RentRefG nicht erreicht wurde.

Der Deutsche Bundestag hat dem Bundeskanzler das Vertrauen nicht ausgesprochen.

3.2

Der Deutsche Bundestag könnte von der Möglichkeit des Art. 67 GG Gebrauch machen. Der Bundestag kann dem Bundeskanzler das Misstrauen nur dadurch aussprechen, dass er mit der Mehrheit seiner Mitglieder einen Nachfolger wählt und den Bundespräsidenten ersucht, den Bundeskanzler zu entlassen. Der Bundespräsident muss dem Ersuchen entsprechen und den Gewählten ernennen. Damit würde auch die Amtszeit des aktuellen Bundeskanzlers enden.

3.3

Grundlage ist Art. 39 Abs. 1 Satz 4 GG:

Im Falle einer Auflösung des Bundestages findet die Neuwahl innerhalb von sechzig Tagen statt.

3.4

Der Rücktritt ist im GG zwar nicht vorgesehen, gleichwohl ist er aber als Ausprägung des Allgemeinen Persönlichkeitsrechts des Amtsinhabers (Art. 2 Abs. 1 i. V. m. Art. 1 Abs. 1 GG) zulässig.

Aufgabe 4

4.1

Der bessere Schutz des BVerfG durch eine Verankerung der wesentlichen Normen dazu im GG ergibt sich aus Art. 79 Abs. 2 GG. Während die Regelungen zum BVerfG als einfachgesetzliche Regelungen im BVerfGG der einfachen Mehrheit aus Art. 42 Abs. 2 1. HS GG unterliegen, bedürfte ihre Änderung als Norm des GG einer 2/3-Mehrheit (Art. 42 Abs. 2 2. HS i. V. m. Art. 79 Abs. 2 GG). Damit wären wesentlich größere politische Bündnisse im Bundestag notwendig. Dies dient dem Schutz des BVerfG.

4.2

Art. 92 Abs. 2 GG: Die Mitglieder des Bundesverfassungsgerichtes werden je zur Hälfte vom Bundestag und vom Bundesrat gewählt.

4.3

Art. 94 Abs. 1 Nr. 4 a) GG: Das BVerfG entscheidet über Verfassungsbeschwerden, die von jedermann mit der Behauptung erhoben werden können, durch die öffentliche Gewalt in einem seiner Grundrechte oder in einem seiner in Art. 20 Abs. 4, 33, 38, 101, 103 und 104 GG enthaltenen Rechte verletzt zu sein.

Lösung Klausur 10

Aufgabe 1

1.1

Gem. Art. 76 Abs. 1 GG können Gesetzesvorlagen beim Bundestag durch die Bundesregierung, aus der Mitte des Bundestages oder durch den Bundesrat eingebracht werden. Vorliegend wurde die Gesetzesvorlage lt. SV durch die Bundesregierung als Kollegialorgan eingebracht (Art. 62 GG, Art. 65 Satz 3 GG) und der Bundesrat gem. Art. 76 Abs. 2 GG ordnungsgemäß beteiligt. Das Gesetzesinitiativrecht wurde durch die Bundesregierung ordnungsgemäß ausgeübt.

1.2

Art. 42 Abs. 2 Satz 1 GG: Zu einem Beschluss des Bundestages ist die Mehrheit der abgegebenen Stimmen (einfache Mehrheit) erforderlich, soweit das GG nichts anderes bestimmt. Zu prüfen ist, ob das GG hier eine andere Mehrheit vorsieht. Es handelt sich um ein das GG änderndes Gesetz. Daher ist Art. 79 Abs. 2 GG einschlägig. Das GG sieht eine andere Mehrheit vor. Ein solches Gesetz bedarf der Zustimmung von 2/3 der Mitglieder des Bundestages gem. Art. 79 Abs. 2 GG. Der Bundestag hat derzeit 630 gesetzliche Mitglieder gem. § 1 Abs. 1 BWG. 2/3 entsprechen 420. Laut SV wurden in der Schlussabstimmung 421 Stimmen für das Gesetz abgegeben. Damit hat das Gesetz die notwendige Mehrheit im Bundestag erreicht.

1.3

Laut SV hat das Land Sachsen-Anhalt vier Stimmen im Bundesrat. An der Abstimmung selbst nimmt jedoch nur der Ministerpräsident teil, der für das Gesetz stimmt. Gem. Art. 51 Abs. 3 Satz 2 2. HS GG können sich die nicht anwesenden drei Mitglieder der Landesregierung Sachsen-Anhalts durch den Ministerpräsidenten vertreten lassen. Das Land Sachsen-Anhalt hat demnach vier Stimmen <u>für</u> das Gesetz abgegeben.

1.4

Gem. Art. 51 Abs. 3 Satz 2 1. HS GG können die Stimmen eines Landes nur einheitlich abgegeben werden. Laut SV stimmen jedoch zwei Vertreter Sachsens für und zwei Vertreter Sachsens gegen das Gesetz. Demnach wurden die Stimmen nicht einheitlich abgegeben. In der Folge ist die Stimmabgabe Sachsens ungültig und fließt nicht in das Abstimmungsergebnis ein.

1.5

Ja, gem. Art. 79 Abs. 2 GG bedarf ein solches Gesetz der **Zustimmung** von 2/3 der Stimmen des Bundesrates.

1.6

Zu prüfende Rechtsgrundlage Art. 79 Abs. 2 GG

2/3 der Stimmen des Bundesrates:

- der Bundesrat hat 69 gesetzliche Mitglieder (Stimmen) lt. Bearbeitungshinweis
- 2/3 entsprechen 46 Stimmen, das Gesetz hat jedoch nur 45 Stimmen erreicht
- Ergebnis: das Gesetz hat nicht die notwendige Mehrheit im Bundesrat erreicht.

1.7

Gem. Art. 51 Abs. 1 GG hat jedes Land mindestens drei Stimmen, Länder mit mehr als zwei Millionen, jedoch weniger als sechs Millionen Einwohnern haben vier Stimmen. Daher hat das Land Brandenburg mit rd. 2,6 Millionen Einwohnern vier Stimmen im Bundesrat.

1.8

Gem. Art. 53 GG haben die Mitglieder der Bundesregierung das Recht und auf Verlangen die Pflicht, an den Verhandlungen des Bundesrates und seiner Ausschüsse teilzunehmen.

Aufgabe 2

2.1

Nach Art. 70 Abs. 1 GG haben die Länder grundsätzlich das Recht der Gesetzgebung, soweit nicht das GG dem Bund die Zuständigkeit verleiht. Gem. Art. 70 Abs. 2 GG bemisst sich die Abgrenzung der Zuständigkeit zwischen Bund und Ländern nach den Vorschriften des GG über die ausschließliche und die konkurrierende Gesetzgebung. Gemäß Art. 74 Abs. 1 Nr. 19 a) GG erstreckt sich die konkurrierende Gesetzgebung des Bundes u. a. auf das Gebiet *„... (...) wirtschaftliche Sicherung der Krankenhäuser“* (vgl. auch Bearbeitungshinweis). Das KhVersG ist hier einzuordnen. Gem. Art. 72 Abs. 1 GG haben im Bereich der konkurrierenden Gesetzgebung die Länder die Befugnis zur Gesetzgebung, solange und soweit der Bund von seiner Gesetzgebungszuständigkeit nicht durch Gesetz Gebrauch gemacht hat. Vorliegend möchte die Bundesregierung in diesem Bereich regelnd tätig werden und der Bund von seiner Gesetzgebungszuständigkeit durch Gesetz Gebrauch machen. Daher wäre der Bund hier zuständig. Zu prüfen ist jedoch, ob ein Fall von Art. 72 Abs. 2 GG vorliegt. Art. 74 Abs. 1 Nr. 19 a) GG ist hier tatbestandsmäßig aufgeführt.

Daher behält der Bund nur die Gesetzgebungszuständigkeit, wenn er nachweisen kann, dass das Gesetz notwendig ist, u. a. zur Herstellung gleicher Lebensverhältnisse im Bundesgebiet. Laut SV soll das neue KhVersG vor allem dafür sorgen, dass bundesweit einheitliche Standards geschaffen werden. Es soll bundesweit eine Gleichwertigkeit erreicht werden. Damit ist das KhVersG notwendig zur Herstellung gleicher Lebensverhältnisse im Bundesgebiet und der Bund behält die Gesetzgebungszuständigkeit für das KhVersG.

2.2

Gem. Art. 77 Abs. 2 Satz 1 GG kann der Bundesrat binnen drei Wochen nach Eingang des Gesetzesbeschlusses verlangen, dass ein aus Mitgliedern des Bundestages und des Bundesrates für die gemeinsame Beratung von Vorlagen gebildeter Ausschuss einberufen wird. Es handelt sich um den Vermittlungsausschuss.

2.3

Die Pflicht ergibt sich aus dem Sozialstaatsprinzip des Art. 20 Abs. 1 GG.

2.4

Nein. Gem. Art. 79 Abs. 3 GG ist eine Änderung des GG, durch welche die in den Art. 1 und 20 GG niedergelegten Grundsätze berührt werden, unzulässig.

Aufgabe 3

3.1

Gem. Art. 67 Abs. 1 Satz 1 GG kann der Bundestag dem Bundeskanzler das Misstrauen nur dadurch aussprechen, dass er mit der Mehrheit seiner Mitglieder einen Nachfolger wählt und den Bundespräsidenten ersucht, den Bundeskanzler zu entlassen.

Gem. § 1 Abs. 1 BWG hat der Deutsche Bundestag derzeit 630 gesetzliche Mitglieder. Die notwendige Mehrheit *(„Mehrheit der Mitglieder")* bezieht sich auf die gesetzliche Mitgliederzahl (Art. 121 GG). Hierfür wären 316 Stimmen notwendig gewesen. Laut SV erhält Herr Erz jedoch lediglich 314 Stimmen. Dementsprechend wurde durch die Abstimmung dem amtierenden Kanzler das Misstrauen nicht ausgesprochen und Herr Erz nicht zum Kanzler gewählt.

3.2

Gem. Art. 67 Abs. 1 Satz 2 GG muss der Bundespräsident dem Ersuchen entsprechen und den Gewählten ernennen.

3.3

Gem. Art. 69 Abs. 2 GG endet das Amt eines Bundesministers auch mit jeder anderen Erledigung des Amtes des Bundeskanzlers.

Aufgabe 4

- Art. 45 Satz 1 GG: Ausschuss für die Angelegenheiten der Europäischen Union
- Art. 45a Abs. 1 GG: Ausschuss für auswärtige Angelegenheiten
- Art. 45a Abs. 1 GG: Ausschuss für Verteidigung
- Art. 45c Abs. 1 GG: Petitionsausschuss

Lösung Klausur 11

Aufgabe 1

Teil A

1.1

Gem. Art. 76 Abs. 1 GG können Gesetzesvorlagen beim Bundestag durch die Bundesregierung, aus der Mitte des Bundestages oder durch den Bundesrat eingebracht werden. Vorliegend wurde die Gesetzesvorlage lt. SV durch die Bundesregierung als Kollegialorgan eingebracht (Art. 62 GG, Art. 65 Satz 3 GG) und der Bundesrat gem. Art. 76 Abs. 2 GG ordnungsgemäß beteiligt. Das Gesetzesinitiativrecht wurde durch die Bundesregierung ordnungsgemäß ausgeübt.

Nach Art. 70 Abs. 1 GG haben die Länder grundsätzlich das Recht der Gesetzgebung, soweit nicht das GG dem Bund die Zuständigkeit verleiht. Gemäß Art. 70 Abs. 2 GG bemisst sich die Abgrenzung der Zuständigkeit zwischen Bund und Ländern nach den Vorschriften des GG über die ausschließliche und die konkurrierende Gesetzgebung. Gemäß Art. 74 Abs. 1 Nr. 27 GG erstreckt sich die konkurrierende Gesetzgebung des Bundes unter anderem auf das Gebiet „*...Statusrechte und -pflichten der Beamten der Länder, Gemeinden und anderen Körperschaften des öffentlichen Rechts (...)*" (vgl. auch Bearbeitungshinweis). Das BeamtStGÄndG ist hier einzuordnen. Gem. Art. 72 Abs. 1 GG haben im Bereich der konkurrierenden Gesetzgebung die Länder die Befugnis zur Gesetzgebung, solange und soweit der Bund von seiner Gesetzgebungszuständigkeit nicht durch Gesetz Gebrauch gemacht hat. Vorliegend möchte die Bundesregierung in diesem Bereich regelnd tätig werden und der Bund von seiner Gesetzgebungszuständigkeit durch Gesetz Gebrauch machen. Ein Fall von Art. 72 Abs. 2 GG liegt nicht vor. Der Bund hat hier die Gesetzgebungszuständigkeit.

1.2

Art. 42 Abs. 2 Satz 1 GG: Zu einem Beschluss des Bundestages ist die Mehrheit der abgegebenen Stimmen (einfache Mehrheit) erforderlich, soweit das GG nichts anderes bestimmt. Zu prüfen ist, ob das GG hier eine andere Mehrheit vorsieht/etwas anderes bestimmt. Dies ist aus dem Sachverhalt nicht zu erkennen. Damit ist die Mehrheit der abgegebenen Stimmen anzuwenden. Laut Sachverhalt wurden in der Schlussabstimmung 320 Stimmen für das Gesetz abgegeben und 110 Stimmen gegen das Gesetz bei 5 Enthaltungen. Damit hat das Gesetz die erforderliche Mehrheit im Bundestag erreicht.

1.3

Gem. Art. 52 Abs. 3 GG fasst der Bundesrat seine Beschlüsse mit mindestens der Mehrheit seiner (gesetzlichen) Stimmen. Laut Bearbeitungshinweisen hat der Bundesrat derzeit 69 Stimmen (Art. 51 Abs. 2 GG). Ausgehend von 69 Stimmen wären für einen Beschluss des Bundesrates mindestens 35 Stimmen erforderlich. Dabei ist es unerheblich, ob am Tag der Abstimmung alle 69 Stimmen, oder wie im Sachverhalt dargestellt, nur 51 Stimmen anwesend sind. Für das Gesetz wurden 26 Stimmen abgegeben. Dies ist zwar eine Stimme mehr als dagegen, die gesetzlich notwendige Mehrheit von 35 Stimmen wurde jedoch nicht erreicht. Damit hat das Gesetz die notwendige Mehrheit im Bundesrat nicht erreicht.

1.4

Gemäß Art. 77 Abs. 2 Satz 4 GG dürfen die Bundesregierung und der Bundestag den Vermittlungsausschuss anrufen, wenn zu einem Gesetz die Zustimmung des Bundesrates erforderlich ist. Fraglich ist, ob das BeamtStGÄndG ein solches Zustimmungsgesetz ist. Wie in Aufgabe 1.1 bereits dargestellt, fällt das Gesetzesvorhaben in den Bereich der konkurrierenden Gesetzgebung gem. Art. 74 Abs. 1 Nr. 27 GG. Gem. Art. 74 Abs. 2 GG bedürfen unter anderem Gesetze nach Art. 74 Abs. 1 Nr. 27 GG der Zustimmung des Bundesrates. Damit handelt es sich beim BeamtStGÄndG um ein Zustimmungsgesetz und die Bundesregierung durfte die Anrufung des Vermittlungsausschusses verlangen bzw. diesen anrufen.

1.5

Ja, gemäß Art. 77 Abs. 4 GG: Wird der Einspruch mit der Mehrheit der Stimmen des Bundesrates beschlossen, so kann er durch Beschluss der Mehrheit der Mitglieder des Bundestages zurückgewiesen werden.

Teil B

1.6

Art. 79 Abs. 2 GG:

2/3 der Stimmen des Bundesrates und 2/3 der Mitglieder des Bundestages.

1.7

Bundesrat: 46 Stimmen

Bundestag: 420 Stimmen

1.8

Staatsziel des Sozialstaates gem. Art. 20 Abs. 1 GG

1.9

Nein, das wäre wegen Art. 79 Abs. 3 GG („Ewigkeitsgarantie“) nicht möglich, da hier eine Änderung des GG erfolgen würde, die den in Art. 20 GG niedergelegten Grundsatz des Sozialstaates berühren würde.

Aufgabe 2

2.1

Nein, es bedürfte keiner Genehmigung. Gemäß Art. 21 Abs. 1 Satz 2 GG ist die Gründung von Parteien frei.

2.2

Vorliegend möchte Peter das passive Wahlrecht in Anspruch nehmen und selbst für ein Mandat im deutschen Bundestag kandidieren. Gemäß Art. 38 Abs. 2 2. HS GG i. V. m. § 15 Abs. 1 Nr. 2 BWG ist nur wählbar, wer die Volljährigkeit erreicht bzw. das 18. Lebensjahr vollendet hat. Peter ist laut Sachverhalt erst 16 Jahre alt und würde die Voraussetzung nicht erfüllen. Weiterhin sieht § 15 Abs. 1 Nr. 1 BWG vor, dass nur Deutsche i. S. d. Art. 116 GG wählbar sind. Peter ist laut Sachverhalt Österreicher und dürfte auch deswegen nicht um ein Mandat im deutschen Bundestag kandidieren.

2.3

Gesetzliche Grundlage der „5 %-Hürde“ ist § 4 Abs. 2 Nr. 2 BWG. Demnach werden Parteien bei der Sitzverteilung im deutschen Bundestag nicht berücksichtigt, wenn sie weniger als 5 % der im Wahlgebiet abgegebenen gültigen Zweitstimmen erhalten haben.

Zweck der Hürde:

- Erfahrungen aus den „Schwächen“ der Weimarer Reichsverfassung
- Es soll so möglich sein, eine stabile Regierung bilden zu können.
- Es soll einer „Zersplitterung des Parlaments“ vorgebeugt werden.

(Weitere Nennungen/Lösungen möglich)

2.4

Eine Reduzierung der Bundesländer und damit eine Neugliederung des Bundesgebietes ist auf Grundlage von Art. 29 GG möglich.

2.5

Nein, eine vollständige Abschaffung der Gliederung des Bundes in Länder ist nicht möglich. Diese würde dem Bundesstaatsprinzip aus Art. 20 Abs. 1 GG zuwiderlaufen. Dazu ist die Berührung das Bundesstaatsprinzip aus Art. 20 GG über Art. 79 Abs. 3 GG („Ewigkeitsklausel“) besonders geschützt.

Aufgabe 3

3.1

Im Falle der gescheiterten Kanzlerwahl (Art. 63 Abs. 4 GG) bzw. der gescheiterten Vertrauensfrage (Art. 68 Abs. 1 GG).

3.2

Es wäre zu prüfen, ob bei dem Vorschlag, die Wahlperiode des deutschen Bundestages auf 30 Jahre zu verlängern, das Staatsziel der Demokratie betroffen wäre. Diese zeichnet sich vor allem durch regelmäßige Wahlen aus. Eine Verlängerung der Wahlperiode des deutschen Bundestages wäre sicherlich denkbar, allerdings muss gewährleistet sein, dass das Volk regelmäßig und in überschaubaren Abständen die Möglichkeit hat, die Mitglieder der gesetzgebenden Gewalt (neu) zu wählen. Bei einer Wahlperiode von 30 Jahren dürfte dies, auch angesichts der durchschnittlichen Lebenserwartung eines Menschen, nicht gegeben sein. Daher wäre der Vorschlag als Verstoß gegen das Staatsziel der Demokratie zu werten und nicht zulässig. (weitere Argumente zulässig und denkbar).

3.3

Gem. Art. 20 Abs. 2 GG geht alle Staatsgewalt vom Volke aus. Sie wird vom Volke in Wahlen und Abstimmungen und durch besondere Organe der Gesetzgebung, der vollziehenden Gewalt und der Rechtsprechung ausgeübt.

Aufgabe 4

4.1

Gemäß Art. 67 Abs. 1 Satz 1 GG kann der Bundestag dem Bundeskanzler das Misstrauen nur dadurch aussprechen, dass er mit der Mehrheit seiner Mitglieder einen Nachfolger wählt und den Bundespräsidenten ersucht, den Bundeskanzler zu entlassen.

Gemäß § 1 Abs. 1 BWG hat der Deutsche Bundestag derzeit 630 gesetzliche Mitglieder. Die notwendige Mehrheit („Mehrheit der Mitglieder") bezieht sich auf die gesetzliche Mitgliederzahl (Art. 121 GG). Hierfür wären 316 Stimmen notwendig gewesen. Laut Sachverhalt erhält Herr Erz jedoch lediglich 314 Stimmen. Dementsprechend wurde durch die Abstimmung dem amtierenden Kanzler das Misstrauen nicht ausgesprochen und Herr Erz nicht zum Kanzler gewählt.

4.2

Gemäß Art. 69 Abs. 2 GG endet das Amt eines Bundesministers auch mit jeder anderen Erledigung des Amtes des Bundeskanzlers.

Aufgabe 5 (Grundrechtslehre)

5.1

Eine GmbH ist eine juristische Person des Privatrechts (vgl. auch Bearbeitungshinweis). Gemäß Art. 19 Abs. 3 GG gelten die Grundrechte auch für inländische juristische Personen, soweit sie ihrem Wesen nach auf diese anwendbar sind. Dies ist beim Gleichbehandlungsgrundsatz aus Art. 3 GG gegeben. Die Bosch GmbH, mit Sitz in Deutschland, ist damit grundrechtsfähig.

5.2

Vorliegend richtet sich die Verfassungsbeschwerde gegen ein Gesetz (MWSchG), gegen das ein anderer Rechtsweg nicht offensteht (vgl. auch Bearbeitungshinweise). Dementsprechend kann die Verfassungsbeschwerde nur binnen eines Jahres seit dem Inkrafttreten des Gesetzes erhoben werden (§ 93 Abs. 3 BVerfGG). Das MWSchG trat am 01.11.2023 in Kraft. Die Verfassungsbeschwerde wurde am 15.01.2024 eingelegt. Die Jahresfrist zur Einlegung der Verfassungsbeschwerde ist damit gewahrt.

Aufgabe 6 (Europarecht)

6.1

Art. 23 Abs. 1 Satz 2 GG („Der Bund kann hierzu durch Gesetz mit Zustimmung des Bundesrates Hoheitsrechte übertragen.“)

6.2

Art. 288 AEUV

- Verordnungen
- Richtlinien
- Beschlüsse
- Empfehlungen

6.3

Das wäre denkbar. Gemäß Art. 28 Abs. 1 GG sind bei Wahlen in Kreisen und Gemeinden auch Personen, die die Staatsangehörigkeit eines Mitgliedstaates der Europäischen Gemeinschaft besitzen, nach Maßgabe von Recht der Europäischen Gemeinschaft wahlberechtigt und wählbar. Spanien ist ein Mitgliedsstaat der Europäischen Gemeinschaft. Damit wäre ein Spanier wählbar.